Die Heilige Heide

Magie und Spiritualität der Heide

Wolf E. Matzker

Autor: Wolf E. Matzker, 2019
Herstellung und Verlag: BoD- Books on Demand, Norderstedt
Cover: Heide bei Niederhaverbeck
ISBN: 9 783746 059464

Die Heilige Heide

Magie und Spiritualität der Heide

Wolf E. Matzker

Inhaltsverzeichnis:

1.	Vorwort	S.	005
2.	Die Erde der Heimat und Heide	S.	006
3.	Die Heide als sakraler Raum	S.	008
4.	eigene Kultstätten in der Heide	S.	012
5.	Hermann Löns – der widersprüchliche Dichter der Heide	S.	020
6.	Der Heidepastor Wilhelm Bode	S.	031
7.	Die Heide als Refugium – Arno Schmidt und Walter Kempowski	S.	033
8.	Der Wacholder	S.	035
9.	Die Birke	S.	037
10.	Die Kiefer	S.	040
11.	Die Steine der Heide	S.	042

Bemerkenswerte Heidegebiete

1.	Tietlinger Wacholderhain mit Lönsgrab	S.	045
2.	Wietzer Berg mit Lönsgedenkstätte	S.	049
3.	Wilseder Berg und Umgebung	S.	053
4.	Heide bei Niederhaverbeck	S.	054
5.	Thekenberge und Harslebener Berge	S.	056
6.	Pestruper Gräberfeld	S.	058
7.	Heidewege	S.	060
8.	Oldendorfer Totenstatt	S.	062
8.	Traumzeitfelsen	S.	064

Literarisches

1.	Gedichte und Lieder über die Heide	S.	066
2.	Das Heilige der Heide	S.	077
3.	Die Verwandlung	S.	099

Spirituelles

1.	Die „Götter" der Heide	S.	101
2.	Heiderituale	S.	114

1. Vorwort

Seit vielen Jahren beschäftigt mich die Heide.

Immer wieder besuche ich bestimmte Orte, die Geest bei Wildeshausen, das Gebiet um den Wilsederberg, den Heiligen Hain nördlich von Gifhorn und weitere Gebiete. Auch wenn ich weiß, dass die Landschaft mehr oder weniger vom Menschen gemacht worden ist, so kommen mir doch manche Regionen sehr ursprünglich und archaisch vor.

Für mich ein Gebiet der Steinzeit. Ich lebe zwar jetzt und heute, mittlerweile haben wir das einundzwanzigste Jahrhundert, aber seelisch lebe ich eher in der Steinzeit. *I am a stone-age-man*, könnte ich sagen. Das klingt nach einem *Joke*, ist aber keiner, sondern ich meine es schon ernst.

Digitalisierung, künstliche Intelligenz, um nur zwei typische Stichwörter der Gegenwart zu nennen, interessieren mich nicht. Mein Herz gehört dem Sandboden, den Findlingen aus der Eiszeit, den Kiefern und Eichen, den Wacholderbüschen, den Heidschnucken und den neuen Wölfen der Heide, kurz, der ganzen, schönen Heidelandschaft.

Außerdem ist die Heide für mich eine poetische Region. Wenn man das musikalisch ausdrücken wollte, dann nicht mit einem Lied wie „Grün ist die Heide", sondern mit keltischer Harfenmusik. Auch wenn die Kelten hier nicht gesiedelt haben, so passt für mich eher diese Musik zur Landschaft und drückt vielleicht deren Seele aus. Das kann jeder selbst überprüfen. Heidegebiete gibt es auch im englischen und irischen Raum.

2. Die Erde der Heimat und Heide

Im Fernsehen kann man Diskussionen über das Thema der Heimat verfolgen. Meist bleibt es sehr abstrakt und kognitiv, also eine reine Angelegenheit des Kopfes. Manche wollen klug sein, reden dann von Toleranz und Weltoffenheit. Nichts gegen diese Werte, aber sie haben mit Heimat nichts zu tun.

Wer Gärtner ist, der weiß, dass sich Pflanzen am wohlsten in ihrer ursprünglichen Heimat-Erde fühlen. Der Boden und das Klima sind dabei zentrale Faktoren.

Heimatverbundene Menschen fühlen sich ebenso dort wirklich heimisch, wo ihre Wurzeln sind. Ein bestimmter Boden, ein spezifisches Klima, eine überschaubare Region mit einem ausgeprägten Charakter. Heimat ist, wenn man so will, das vegetative Element des Menschen. Jeder kennt den Spruch, dass man einen alten Baum nicht verpflanzen sollte. Anders gesagt, ein Baum kann nur groß, alt und stark verwurzelt werden, wenn er einen für ihn bestimmten Platz hat. Er muss an einem Ort bleiben.

Der Mensch war immer schon ein nervöser Wanderer, der nirgends bleiben konnte und wollte, den es immer weiter zog. Die Sesshaften hingegen blieben an einem Ort, verwurzelten sich dort und wollten nicht mehr fort. Sie waren verbunden mit dem Boden, mit der Erde, z.B. mit dem Marschboden oder dem Heideboden. Diese beiden Bodenarten sind sehr unterschiedlich. Wer sich mit Bodenarten auskennt, weiß das.

Der Boden ist mehr als nur einfach Boden. Es ist eine spezifische Form der Erde, mit der man verbunden ist, die man kennt und liebt. Die klimatischen Bedingungen an einem bestimmten Ort kommen zum Grundgefühl der Heimat hinzu. Die Basis ist und bleibt aber der Boden, auf, von und mit dem wir leben.

Wer mit dem Heideboden, dem Heidesand und der schwarzen Erde verbunden ist, weiß, wovon ich spreche. Wer keinen Bezug zu einem Boden hat, sollte vielleicht einen suchen.

3. Die Heide als sakraler Raum

Für Geologen ist die Heide nur einer von vielen Landschaftsräumen. Für das Militär eine Region, in der sie für den Krieg üben können, bzw. so tun als ob. Für normale Touristen eine Art natürlicher Freizeitpark, wobei es auch die künstlichen Parks mit allen möglichen Attraktionen gibt.

Für den Naturmystiker ist die Heide ein sakraler Raum.

Was bedeutet das?

Wenn man eine der besonderen Stätten der Steinzeit besucht, z.B. die Oldendorfer Totenstatt bei Amelinghausen oder die Sieben-Stein-Häuser auf dem Truppenübungsplatz Bergen Hohne, Zugang vom Heidedorf Ostenholz, dann kann man spüren, dass man ein heiliges Gebiet einer prähistorischen Kultur besucht. Hier ist das Reich der prähistorischen Ahnen, das Reich der Toten, das schon immer die andere Seite des Lebens und Daseins war.

Eine Landschaft verstehen wir dann als sakral, wenn unsere Geister und Götter in der Landschaft zuhause sind. Vor Jahrzehnten konnten wir das neu von den indianischen Kulturen lernen. Manche haben das, bei vielen ist diese Zeitströmung vorbei gegangen. Wer damals von den Indianern gelernt hatte, sieht die Landschaft als beseelt an, er sieht und spürt seine Ahnen, seine geistige und spirituelle Herkunft, nicht nur seine physische, aber die natürlich auch. Die Landschaft wird dann zum heiligen Stammesland.

Auf der folgenden Seite steht das Niedersachsenlied. Ich finde es erstaunlich, dass es irgendwie offiziell das Lied der Niedersachsen ist. Mich interessiert aber nicht die heutige politische Bewertung, sondern das Identitäts-Gefühl, Teil eines heiligen Stammes und Landes zu sein, wobei die Heide einen zentralen Raum einnimmt, denn in der Mitte des Landes, im Herzen sozusagen, haben wir die Heidegebiete.

Auf youtube kann man sich verschiedene Versionen anhören, u.a. Heino und eine junge Sängerin, die sich „Stimme der Heimat" bzw. Sonnenkind nennt.

Das Niedersachsenlied

Von der Weser bis zur Elbe, von dem Harz bis an das Meer,
stehen Niedersachsens Söhne, eine feste Burg und Wehr.
Fest wie unsere Eichen halten alle Zeit wir stand,
wenn Stürme brausen übers Deutsche Vaterland.
Wir sind die Niedersachsen, sturmfest und erdverwachsen,
Heil Herzog Widukind Stamm.

Wo fielen die römischen Schergen? Wo versank die welsche Brut?
In Niedersachsens Bergen, an Niedersachsens Wut.
Wer warf den röm'schen Adler nieder in den Sand?
Wer hielt die Freiheit hoch im Deutschen Vaterland?
Das war'n die Niedersachsen, sturmfest und erdverwachsen,
Heil Herzog Widukind Stamm.

Auf blühend roter Heide starben einst vieltausend Mann,
für Niedersachsens Treue traf sie der Franken Bann.
Vieltausend Brüder fielen von des Henkers Hand,
vieltausend Brüder für ihr Niedersachsenland.
Das war'n die Niedersachsen, sturmfest und erdverwachsen,
Heil Herzog Widukind Stamm.

Aus der Väter Blut und Wunden wächst der Söhne Heldenmut.
Niedersachsen soll's bekunden: Für Freiheit, Gut und Blut!
Fest wie unsere Eichen halten alle Zeit wir stand,
wenn Stürme brausen übers Deutsche Vaterland.
Wir sind die Niedersachsen, sturmfest und erdverwachsen,
Heil Herzog Widukind Stamm.

Herman Grote, 1926

Das Lied ist sicher vor allem politisch zu verstehen, weniger spirituell, auch wenn es im Bereich der Spiritualität immer um Schutz und Abwehr des Bösen, des Fremden, des Feindlichen ging. Von prähistorischen Göttern ist keine Rede. Von MUTTER ERDE oder der GÖTTIN, also der personifizierten NATUR, ist ebenfalls keine Rede. Die Namen von Götter und Göttinnen sucht man vergebens. Erwähnt wird der „Herzog Widukind", aber der war eine politische Person aus der Zeit Karls des Großen.

Wer ein martialischer Typ ist, wird sich vielleicht von dem Lied angesprochen fühlen. Wer feinfühlig ist, wird es vermutlich ablehnen und sich nicht mit der Vergangenheit (hier um 800) befassen wollen.

Wir können in der Geschichte nicht zurück, das ist eine Tatsache.

Was wir können, dass ist ein neues, ein anderes Identitätsgefühl für das Land entwickeln. Wir müssen heute unsere eigenen „Götter" in der Heide suchen. Wie wir sie nennen, bleibt vorerst eine subjektive Angelegenheit, denn es gibt kein verbindliches System.

Das ist kein Nachteil, im Gegenteil, es lässt uns Raum für individuelle Sicht- und Empfindungsweisen. Ein von oben aufgedrücktes und durchgesetztes System haben wir lange genug gehabt. Die Kirche hat lange genug den Menschen ihr System einer fremden Religion aufgezwungen. Wie allen bekannt sein dürfte, kommt diese Religion aus einem fernen Land jenseits des Mittelmeeres, und nicht vom Steinhuder Meer oder aus der Lüneburger Heide.

Sei ein neuer Anfang – das kann sich jeder zum Motto machen.

Jeder muss seinen Weg suchen, seinen Weg in die Heide. Ich kann nur Vorschläge machen und Anregungen geben.

Wenn man sich in der Heide Pferde auf einer Weide, Bäume am Horizont, einen Nahrung suchenden Storch, einen ruhenden Stein oder was auch immer genau anschaut, dann kann man sich überlegen, was das Göttliche oder ein Gott, eine Göttin sein könnte. Oder, wenn einem das schon zu viel und zu abstrakt sein sollte, dann nimmt man einfach nur das Wunderbare als solches wahr, das Schöne, das Großartige, das, was einen erfreut und inspiriert.

Heideweg bei Niederhaverbeck

Im Zentrum einer heidnischen Religion (= einer Religion der Heide) oder der germanischen Ur-Religion steht der Baum, Yggdrasil, die zentrale Achse der Welt. Der Baum symbolisiert das Leben und die Zeiten, das Sein und das Wandeln.

Der starke Baum in Norddeutschland und in der Heide ist die Eiche. Auf dem Foto auf Seite 11 sieht man im Hintergrund einige Eichen stehen.

In der Nähe des Dorfes Wilsede habe ich vor Jahren eine besondere, solitär stehende Eiche entdeckt. Ein starker, wunderbarer Baum, den man als Zentrum des sakralen Heide-Raumes verstehen kann.

Auf der Westseite des Wilseder Berges, den Westwinden ausgesetzt, steht eine Buche. Ebenfalls ein besonderer Raum, den ich immer wieder gerne besuche. Eine große, stattliche Eiche eignet sich jedoch besser als ein zentraler Baum.

Unter der Eiche liegen einige Findlinge, wie man auf dem Foto sehen kann. Auf einem herzförmigen Stein habe ich meine kleine Trommel, die ich leicht in meinem Rucksack mitnehmen kann, gelegt.

Das Kreuz der Christen ist ein Folterinstrument und ein Symbol des Todes, auch wenn sie immer das Gegenteil behaupten. Ein Baum, eine Eiche ist ein Lebewesen. Dieser Punkt ist erst einmal ganz wichtig: ein Lebewesen mit einer Seele!

Die symbolische Bedeutung kommt danach. Das Lebewesen des Baumes steht für sich, ist Zweck für sich. Unsere Empfindungen und Gedanken sind unsere Reaktionen. Sie können sich im Laufe der Zeit wandeln. Der Baum wandelt sich auch, im Laufe der Jahrhunderte – und es sind seine Wandlungen.

Unter einer großen Eiche bei Wilsede

4. Eigene Kultstätten in der Heide

Vor nunmehr 30 Jahren habe ich in der Heide sogenannte Medizinräder errichtet. Das sind Steinkreise aus acht größeren Findlingen. Jeder der Findlinge steht für einen besonderen Aspekt der Natur, des Lebens.

- Feuer (Inspiration)
- Ahnen (Herkunft)
- Wasser (Gefühle)
- Träume (Sehnsüchte)
- Erde (Heimat, Verbundenheit)
- Gesetze (Prinzipien der Natur)
- Luft (Verstand)
- Medizin (Heilung und Harmonie)

Diese acht Aspekte bzw. diese acht Steine bilden den zentralen Kern. Auf den folgenden Fotoseiten sind zwei Steinkreise zu sehen. Beide befanden sich im Gebiet des Heiligen Hains. Errichtet wurden sie 1989, später leider zerstört. Von wem, weiß ich nicht. Irgendjemand wollte wohl unbedingt die Steine haben. Wer weiß, wo sie heute liegen? In einem Vorgarten? Vielleicht haben sie ja einen guten Platz, zu wünschen wäre das.

Im Lauf von Jahrzehnten ist mir aufgefallen, wie viele Steine in der Heide irgendwann verschwinden.

Heute habe ich nur noch die Erinnerungen und die analogen Fotos der Steinkreise.

Der erste Steinkreis hatte einen Durchmesser von vier Metern, der zweite, größere einen Durchmesser von acht Metern. Die Steine des ersten Kreisen konnte man zu zweit auf Hölzern tragen, die größeren Steine des Zweiten Kreises nur mit einer Sackkarre bewegen.

Einen Steinkreis umrunden

Ein schönes und intensives Ritual ist die Umrundung eines Steinkreises. Man kann ihn viele Male umrunden. Man kann eine bestimmte Zahl für seine Umrundungen nehmen.

Während der Umrundungen kann man singen, ein Mantra, einen Kehrvers, ein indianisches Lied. Man kann das tibetische Mantra *Om Mani Peme Hung* nehmen, oder das indianische Lied *The earth is our Mother, we must take care of her...*

Besser scheint es mir heute (2019) zu sein, wenn man ein eigenes Lied in der eigenen Muttersprache kreiert und singt. Zwei oder drei einfache Verse sollten jedem einfallen. Dazu eine elementare Melodie. Beim Singen kann sich etwas herausbilden. Veränderungen und Variationen gehören dazu. Je intensiver und länger man sich in das improvisierte Singen begibt, desto besser.

Man muss keine Trance anzielen. Wenn sie sich ergeben sollte, dann ist es gut. Ein starkes Gefühl für den Ort, die Erde, die Heide, den Himmel wird sich sicher ergeben.

Auf den Fotos sind die Umrundungwege gut zu erkennen.

17

Eine dritte individuelle Kultstätte, die sich ebenfalls im Gebiet des Heiligen Hains befand, ist eine Spirale. Von der liegen heute noch Reste dort, jedoch überwachsen von kleinen Kiefern, Gras und Moos.

Die Spirale habe ich für Rituale verwendet, bei denen es um den meditativen Gang ins Herz der Natur, ins Zentrum ging, und von dort aus wieder zurück in die äußere, weite Welt. In der Mitte lagen besondere Steine oder es steckte eine Feder im sandigen Boden.

5. Hermann Löns,
der widersprüchliche Dichter der Heide

Um es gleich am Anfang zu sagen: Ich bin kein großer Fan von Hermann Löns. Aber wenn man sich mit der Heide beschäftigt oder in der Heide wandert, dann stößt man immer mal wieder auf Hermann Löns. In Niederhaverbeck liegt ein großer Findling. Auf diesem steht: Hermann Löns gewidmet, dazu sein Zeichen, die sogenannte „Wolfsangel". Immer wenn ich dort bin, sehe ich den gigantischen Findling.

„Mythos und Wahrheit", so lautet der Titel der Löns-Biographie von Thomas Dupke. Mythos und Wahrheit, das trifft auf viele Autoren zu. Es gibt die schöne, bewundernswerte, großartige etc. Seite, und es gibt die andere, die dunkle und pathologische Seite.

Während für die einen Löns ein „Naziautor" ist, auch wenn sie wissen oder es wissen sollten, dass er bereits 1914 am Beginn des Ersten Weltkrieges erschossen worden ist, aber gefühlt ist er für sie ein Brauner, der die Heimat besungen hatte, also konnte er nur ein Nazi sein, ist er für andere ein die Natur liebender Heimatdichter der Heidelandschaft. Einseitige Sichtweisen sind meistens nicht richtig. Literaten sind oft vielschichtig und es gibt unterschiedliche Seiten.

Wer moralische Kriterien hat, wird oft etwas finden, was ihm gar nicht gefällt. Wer politische Kriterien hat, lehnt meist sofort die Literaten ab, die eine andere politische Weltanschauung haben. Wer literarische Kriterien hat, kann aus poetischen, stilistischen Gründen Autoren ablehnen. Das gilt auch für diejenigen, die spirituelle Kriterien haben. Kurz gesagt: im Prinzip kann man nahezu jeden Autor in eine böse und unvollkommene Ecke packen.

Was hat man davon? Wird man dem Autor, dem Menschen gerecht? Wird man seinen Bemühungen gerecht?

Ich lehne Vollkommenheitskriterien ab, denn sie können sehr totalitär sein. Diese totalitären Vernichtungsurteile kann man, wenn man will, bei dem österreichischen Schriftsteller Thomas Bernhard studieren.

Der Wehrwolf

Der Wehrwolf ist für manche ein ganz böses Buch, das man nicht lesen sollte. Braune Literatur, sozusagen. Aber ist sie das wirklich? Es ist eigentlich trivial das zu erwähnen, aber man sollte erst selbst lesen und sich ein eigenes Urteil bilden. Auch nicht bei Wikipedia schauen, denn mir ist schon oft aufgefallen, dass diese Artikel einem Buch nicht gerecht werden, selten über die Inhaltsangabe hinauskommen und keinerlei Interpretation bieten. Wenn jemand glaubt, das vermeintlich „Braune" entdeckt zu haben, dann wird darauf herumgeritten.

Auch das kann ich gleich sagen: Ich halte das Buch nicht für ein gelungenes Werk. Ich würde es als einen Versuch eines historischen Romans bezeichnen. Hermann Löns hätte es länger und komplexer gestalten können und sollen. Es ist aber auch keine agitatorische Kampfschrift, wie man bei dem Titel vermuten könnte. Anstatt in den Ersten Weltkrieg zu ziehen, hätte er besser sein Buch überarbeitet.

In dem Roman, der als „Bauernchronik" bezeichnet wird, geht es viel um den brutalen Krieg, nämlich den Dreißigjährigen Krieg. Dieser fürchterliche Krieg hatte damals Deutschland enorm verwüstet und die Bevölkerung drastisch dezimiert. Dass sich Menschen dagegen wehren, ist ganz normal und noch keine Verherrlichung des Krieges.

Es gibt vielleicht drei Dimensionen in diesem Buch. Einfache Menschen, die nur ein friedliches Leben in der Heide führen wollten. Menschen, die mehr oder weniger Lust an Kriegen haben und die für den Schlamassel verantwortlich sind. Das sind die Kriegstreiber, die Profiteure, die durch den Krieg gewinnen oder ihre Macht ausdehnen wollen. Und drittens diejenigen, die sich notgedrungen, zwangsweise wehren müssen, um nicht unter die Räder zu kommen.

All das sind Tatsachen und das Buch von Hermann Löns stellt diese brutalen Tatsachen des Krieges dar. Sicher keine große Literatur wie der Simplizissimus von Grimmelshausen, der auch die brutalen Tatsachen des Dreißigjährigen Krieges dargestellt hat, aber komplexer und vielschichtiger ist.

Der Roman und die Geschichte leben von dem Gegensatz zwischen den einfachen Bauern, die nichts weiter als friedlich leben wollen, und dem Krieg, der ihnen von außen aufgezwungen wurde, der sie zur Abwehr gezwungen hatte. Die Hauptperson, Harm Wulf, könnte ein schönes und glückliches Leben mit seiner ersten Frau Ule führen, aber der brutale Krieg zerstört diese Aussicht. In der Folge geht es dann bis kurz vor Ende des Romans um die Abwehr des Bösen. Am Ende herrscht dann wieder das friedliche Leben.

„Stereotyp trennt Löns die Gruppen der Einheimischen und der Fremden und ordnet ihnen in Schwarz-Weiß-Malerei positive bzw. negative Eigenschaften zu. Die Wehrwölfe sehen sich trotz ihrer Racheaktionen als „ehrliche und rechtliche Bauern", die Fremden aber, die in ihr Gebiet eindringen, sind für sie „Ungeziefer", „Hirschläuse" oder „Flöhe", die ausgemerzt werden müssen." (Dupke, S.123)

Im Krieg, das vergessen wir heute vielleicht, gibt es eben die krasse Trennung in Freund und Feind mit den dazugehörenden Emotionen. Dazu gehört auch, dass man seinen Besitz mit allen Mittel zu schützen sucht und sich, wenn möglich, von Gefahren abschottet. Heutzutage mögen das viele als „rechtsradikales Denken" empfinden. Nicht zuletzt auch die Führerschaft von Harm Wulf wird dann in diesem Lichte gesehen.

Das Gesetz der Bauern ist einfach, elementar. „Wer Menschenblut vergießt, dessen Blut soll wieder vergossen werden!" (Kap.6, Anfang) Später im Roman taucht aber ein Pastor auf und es zeigt sich, dass die Bauern gar nicht so primitiv sind, sondern eigentlich ein anständiges und christliches Leben führen wollen, in Gemeinschaft mit den anderen. Sogar eine eigene Kirche wollen sie haben. Man liest nichts von germanischer Spiritualität, auch wenn die Wolfsangel immer mal wieder erwähnt wird. Mir scheint das Christentum ein oberflächliches und konventionelles zu sein.

„Helfe dir selber, so helft dir unser Herre Gott." Auch eines der einfachen Gesetze. Autonomie und Autarkie, Selbstbestimmung und Selbstverteidigung sind zentrale Werte der Bauern.

„Und anjetzt wollen wir uns verbrüdern auf Not und Tod, Gut und Blut, daß alle für einen stehen, und einer für alle, aber alle für alles, was um und im Bruche leben tut und unserer Art ist." (Kap. Die Wehrwölfe) Heute dürften viele diese Stelle als „völkisch" deuten. Im Grunde geht es aber nur um die Selbstbehauptung und den Schutz einer Lebensgemeinschaft, was völlig normal ist.

Die anderen, die den Krieg ins Land gebracht haben und ihn führen, aus pseudoreligiösen oder machtpolitischen Gründen oder welchen auch immer, kommen bei Löns nicht aus der Heide, sondern von außerhalb. Sie bringen das ganze Elend in die Heide hinein und machen den dort lebenden Menschen das Dasein schwer oder zerstören es sogar. Löns beschreibt, wie sich die Bauern wehren. Dabei müssen sie zwangsläufig töten. Teilweise macht es ihnen Spaß, teilweise sehen sie es als üble Notwendigkeit an, teilweise stößt es sie ab und sie sind von sich selbst angewidert. Ich denke, dass man Löns keine einseitige Gewaltverherrlichung vorwerfen kann. Er will einfach Realist sein und ein realistisches, manchmal auch derbes, Bild der Zeit des Dreißigjährigen Krieges entwerfen.

Im Laufe von über hundert Jahren dürfte man es unterschiedlich deuten und in Bezug zur eigenen Zeit sehen.

Kampf, Krieg, Selbstverteidigung und das Töten von Menschen haben frühere Generationen als normal empfunden. Heute ist das nicht mehr der Fall. Im Gegenteil, man lässt vieles nur laufen, erkennt Gefahren und Bedrohungen nicht, verdrängt oder verharmlost lieber.

Der im Roman dargestellte Prediger, der auch ein patenter Arbeiter ist, zeigt, dass es den Bauern durchaus auf ein anständiges und christliches Leben ankommt. Für die Gewalt, die sie ausüben müssen, um sich zu schützen, gibt er ihnen eine Legitimation, wie sie vermutlich heute jeder militärische Seelsorger geben würde.

„Trotz dieser quasi göttlichen Legitimation stehen die Wehrwölfe mehr in einer heidnisch-germanischen Tradition, in der alte Bräuche wie das Thing, eine Beratung unter freiem Himmel an einem Hünengrab, lebendig sind. Seitdem ihre Vorfahren gewaltsam von Karl dem Großen christianisiert worden waren, hat sich bei ihnen ein spezifisch germanisches Christentum entwickelt, dessen Komponenten alttestamentarische Sühnevorstellungen und heidnische Rache- und Femegedanken sind.

Diese Symbiose von Christen- und Germanentum wird sichtbar an der Kapelle des Dorfes, die von zwei Wolfsangeln geschmückt ist. Dieses Zeichen, das auf eine Falle für Raubtiere zurückgeht, verwenden die Wehrwölfe als Heilsmal. Übereinandergelegt ergeben sie ein Kreuz: ein Hakenkreuz." (Dupke, S.126; m.U.) Nun, als „Symbiose" würde ich es nicht bezeichnen wollen. Bei ihrem Zeichen müssen wir uns hüten, es nur aus der Naziperspektive zu betrachten und es vorschnell mit dem "Hakenkreuz" der Nazis gleichzusetzen, denn das färbt dann unsere Einschätzung des ganzen Romans, der **1910** im renommierten Verlag von Eugen Diederichs erschien, der die damalige Heimat- und Jugendbewegung unterstützte.

„Es ist alles man ein Übergang", so heißt es am Anfang des Romans. Alles ist der Zeit und des Wandels unterworfen. Ein chaotischer Krieg wie der Dreißigjährige Krieg war ein langer und brutaler Übergang. Vorher war es friedlich – und hinterher wieder. Am Ende, denke ich, kommt es Löns vielleicht darauf an, das friedliche Leben in und mit der Heide zu feiern, die bäuerliche Erd- und Heimatverbundenheit, die Kraft und Gemeinschaft gibt, weil das schlussendlich am wichtigsten ist. Wenn Löns seinen Versuch eines historischen Romans weiter ausgearbeitet hätte, wäre das vielleicht deutlicher geworden als in diesem doch relativ kurzem Werk. Das Thema der Religion wird eher nur angerissen, bleibt am Ende diffus.

Zu dem Gegensatz vom friedlichen Dasein in der Heide und der vielen Gewalt gegen die Fremden spricht Dupke von einer „Symbiose von Sentimentalität und Brutalität" oder von einer „Mischung aus Sadismus und Idylle". (S.128,129)

Bei den Gewaltdarstellungen kann man sich schon fragen, ob dem Autor die fiktiv ausgelebte Brutalität Spaß gemacht hat oder nicht. So fremd sollte dem modernen Menschen das allerdings nicht sein, kann er sich doch in den Medien unendlich viel Gewalt anschauen. Es bleibt die Tatsache bestehen, dass es sich hier um Beschreibungen von Ereignissen während des Dreißigjährigen Krieges handelt.

Interessant finde ich, was Löns über den eigenen Schaffensprozess schreibt. „Ich schreibe das Wesentliche in meinen wertvolleren Arbeiten gänzlich ohne bewussten Willen in halluzinatorischer Verfassung, die so weit geht, dass ich Personen vor mir sehe, höre und sogar rieche. Ich komme mir dann wie eine Schreibmaschine vor und muss dann schreiben, was der diktiert, der hinter meinem Bewusstsein steht, und der hat meist recht." (Dupke, S.134)

„Diese Geschichte ist wahr, ich habe alles erlebt, was darin zu lesen ist. Das ist schon sehr lange her, beinahe dreihundert Jahre, als ich noch nicht der war, der ich heute bin; aber erlebt habe ich das alles, das steht fest, denn sonst hätte ich darüber nicht schreiben können." (S.135)

Dupke spricht von „Phantasie", von „Phantasmagorie", in die er sich „hineingesteigert" haben soll und von „Scheinwelt". Für mich hat Löns eine Tür in die Vergangenheit geöffnet, hat Botschaften aus der Vergangenheit gechannelt, hat etwas ans Licht geholt, was tief in seiner Seele verborgen gewesen war. Wenn man Botschaften aus anderen Welten und Dimensionen empfängt, dann muss man wie ein Werkzeug handeln, im Sinne der Geister, und das in die Realität holen, was in die Realität geholt werden soll, hier in Form eines Buches. Die Geister, die man gerufen hat, zu beherrschen, ist nicht leicht und man kann daran zerbrechen.

Wer meine Deutung nicht teilt, dem bleibt nur die Phantasie als Erklärung, was aber aus meiner Sicht nicht ausreicht, um die Prozesse des automatischen Schreibens zu erklären. Offensichtlich war niemand im Umfeld von Löns in der Lage, ihm bei der Bewältigung zu helfen und ihm die Vorgänge zu erklären. Da er die Kontakte zur anderen Dimension nicht völlig beherrschen konnte, stürzte er, auch aus psychosozialen Gründen, was seine Beziehungen und Ehe betrifft, in eine sehr große Lebenskrise, aus der er am Ende nicht herausgefunden hat. Dupke beschreibt den ganzen Prozess der Krise bzw. des kontinuierlichen Untergangs ausführlich in zwei Kapiteln (40 Seiten) bis hin zum Tod auf dem Schlachtfeld in Frankreich am 26.9.1914. Das ist schon eine tragische Entwicklung, an der natürlich Löns selbst auch eine große Schuld trägt, ohne ihn und sein Verhalten hier verurteilen zu wollen.

Exkurs zur heutigen Zeit:

Die Heide könnte man als einfache, karge, elementare Landschaft bezeichnen, die auch heute bedroht ist. Durch Windparks, Logistikzentren, militärische Einrichtungen, immer neue Mast- und Schlachtbetriebe, neue Autobahnen, Freizeitparks. Auch dagegen muss man sich, zwangsläufig, wehren. Große Chancen hat man nicht, denn in diesem System herrscht das Geld.

Das Einfache und Unschuldige wird überall auf der Erde unterdrückt, missbraucht und ausgenutzt. Oft ist es leider zu schwach, um sich zu wehren. Die Pflanzen und Tiere können es gar nicht. Wenn man sie in Ruhe lässt, können sie leben; wenn nicht, dann sterben sie. Das Gesetz der Natur ist gnadenlos. Alle Staaten der Welt sind es auch. Was sie Gesetz nennen, das ist oft reine Willkür, bzw. man handelt vor allem im Interesse der Industrie, z.B. der Waffenindustrie oder der Landwirtschaftsindustrie.

Gibt es Naturschutz in der Heide? In kleinen, eng begrenzten Gebieten, die in touristischer Hinsicht wichtig sind, ja, aber sonst nicht.

*

Die beiden Geschichten „Heidefrühling" und „Am Fuchsbau" zeigen uns ein widersprüchliches Bild des Autors. Auf der einen Seite beschreibt er lang und breit die Natur, viele Details werden genannt, die Schönheiten erkannt und gewürdigt. Auf der anderen Seite schießt der Ich-Erzähler am Ende der ersten Geschichte den Birkhahn, den er zuvor lange beobachtet hat. In der zweiten Geschichte nimmt er an einer Fuchsjagd teil, bei der am Ende alle Füchse in einem „Massengrab" verschwinden.

Was soll das?, fragt man sich heutzutage. Was ist ihm wichtiger: die Schönheiten der Natur – oder die Zerstörung derselben? Hat Hermann Löns ein gespaltenes, schizophrenes Verhältnis zur Natur, muss er das, was er liebt, am Ende töten?

Bei der Lektüre des „Wehrwolfs" hatte ich nicht den Eindruck, dass er den Spaß am Töten aufzeigen wollte, aber vielleicht hatte er ihn doch, zumindest wohl teilweise.

Seine Jagdgeschichten waren beliebt, aber es soll eine andere Seite gegeben haben, wie ich bei outfox-world.de lese:

„Dabei fasste Hermann Löns die Jagdgenossen in seinen Geschichten nicht mit Samthandschuhen an. Er machte keinen Hehl daraus, dass ihm die Pirsch lieber war als stundenlanges Ansitzen auf irgendeiner Kanzel, er machte sich über den Trophäenkult lustig, wies darauf hin, dass in früheren Zeiten ein Hirschgeweih als Kleiderhaken diente. „Am Totschießen liegt mir innerlich wenig, eine hübsche Beobachtung ist mir wertvoller denn zehn Gehörne", schrieb er einem Freund. Schon früh spöttelte er darüber, wenn sich Städter zu großen Treibjagden auf Hasen und Enten zusammenrotteten:

Sie zogen aus, bis an die Zähne bewaffnet. Unten steckten sie in langen Stiefeln, oben in kühnen Hüten. Sie erfüllten das Bahnhofsvestibül mit lauten Stimmen, den Perron mit schallenden Tritten, drei Coupés mit Zigarrendampf und die Schaffner mit Grausen."

In dieser Geschichte vom „Mümmelmann" betrachtete er das zweifelhafte Treiben mit den Augen eines gehetzten Hasen. Aber die Waidmänner lachten nur darüber, konnten gar nicht genug bekommen von seinen Jagdgeschichten. Doch Löns wurde, angestachelt und ermutigt von Lisa, nicht müde, auch weiter den Blick auf die hässlichen Seiten der Jagd zu lenken und die Verantwortung der Jäger gegenüber der Schöpfung und all ihren Kreaturen anzumahnen."

Kann man nur hoffen, dass er das auch wirklich gesehen hat. Mir persönlich scheint das Interesse der Jäger an der Natur scheinheilig zu sein. Sie wollen am Ende doch ihren Tötungstrieb ausleben. Man schaue sich nur die vielen Jägerhochstände in Niedersachsen an!

In der Erzählung „Der Mäusebussard" beschreibt Löns das Leben des Bussards auf naturalistische Weise. Am Ende taucht ein Jäger auf, der rücksichtslos alles vom Himmel holt, was ihm nicht passt und was er als „Raubzeug" ansieht.

„Oh, er ist ein eifriger Heger, dieser Mann. An vielen Stellen im Felde hat er Pfähle aufgestellt und darauf Eisen gebunden. Wenn er gerade Zeit hat, sieht er sie nach und freut sich über alles, was er verendet oder noch lebend, aber mit von den Bügeln der Fall zerschmetteren Läufen darin findet. Meistens sind es Eulen, Waldohreulen, Waldkäuze, auch die allerliebsten Steinkäuzchen, alles nützliche Räuber, die zu fangen nach dem Gesetz verboten ist. Aber was kümmert das den Schießer? Wo kein Kläger ist, ist kein Richter." (gegen Ende der Erzählung)

In einigen Geschichten erwähnt Löns die germanischen Götter, Wodan, Frigga etc. Dabei geht es öfters darum, dass diese durch die brutale Christianisierung (siehe dazu „Die rote Beeke") vertrieben wurden. Heute sind die alten Götter nicht mehr vorhanden, aber man sollte sich ihrer durchaus erinnern, denn eigentlich passt zur Heide kein Christentum, sondern eine Naturreligion. Soweit ich sehen kann, hat Löns aber in der Hinsicht nichts entwickelt oder gelebt. Er hat nur den Ist-Zustand beschrieben und Hinweise auf die einstigen Götter gegeben.

Am wichtigsten, so meine Einschätzung, sind dem Heideautor letztendlich aber die Beschreibungen der Schönheiten der Landschaft und der vielfältigen Heidenatur. Das wird in der Erzählung „Goldene Heide" besonders deutlich.

*

Hermann Löns ist über hundert Jahre tot. Heute ist er nicht mehr so populär, heute würde man sicher keine Erinnerungsstätten mehr errichten, ob nun als Verehrung eines die Heide liebenden Schriftstellers oder aus mehr oder weniger nationalen Gründen. Neuere Ausgaben seiner Werke gibt es nicht, also wird er vermutlich kaum oder gar nicht gelesen. Das Bedürfnis nach genaueren Tierstudien erfüllen heute viele Filme im Fernsehen. So stellt sich die Frage, was man von ihm „lernen" kann.

Lektüre ist immer langsamer, bedächtiger als jeder Fernsehfilm. So gesehen kann man das genaue Beobachten und Wertschätzen der vielfältigen Natur durchaus noch von Löns lernen, auch wenn einen das Thema der Jagd stören mag.

Man kann sich anhand seiner Geschichten auch selbst fragen: Wie echt und tief ist die eigene Liebe zur Natur? Ist es Liebe oder eine Art

Narzissmus? Ist es echte Wertschätzung der äußeren Natur, also der Lebewesen da draußen, oder geht es einem um die eigene Person, um eigene „Genüsse", um emotionale und geistige „Ausbeutung" der Natur, um die eigene Beweihräucherung und um eine Selbstaufwertung des eigenen Egos.

Und was man ebenfalls lernen kann, das ist der Punkt, dass es nicht ausreicht, einfach nur zu behaupten, man sei „Teutone", man sei „Germane", man sei „Ur-Mensch", aber kein entsprechendes Leben vorweisen kann. Germanische Spiritualität der Natur müsste man selbst erst einmal entwickeln und leben. Außer Behauptungen und Ansätzen kann ich da bei Löns nichts erkennen. Wenn nichts vorhanden ist, muss man selbst ein Anfang sein. Die liebevollen Teile seiner Geschichten können dazu vielleicht einen Beitrag leisten.

Einige Zitate aus den Geschichten

„Ein Kauz ist es, ein dicker, alter Waldkauz, der in der dicken, alten Linde wohnt, die mitten im Dorfe vor dem dicken, alten Kirchturm steht und ihre Äste über die graugrünen Grabsteine spreizt. Seit unvordenklichen Zeiten hat ein Kauzpaar in der Kirchhofslinde gewohnt und ist den Dorfleuten <u>heilig</u> gewesen. Aus uralten Tagen blieb ihnen eine dumpfe Erinnerung, daß die <u>Eule einst Friggas Lieblingsvogel</u> war, ehe der neue Glaube über das Land kam und aus allem, was den alten Göttern lieb war, unholdes Getier und Greuel machte." (Der Waldkauz; meine U.)

„Dem starken Gotte und seiner holden Frau war sie geweiht (eine Burg), bis fremde Männer in das Land kamen und alles ins Böse verkehrten, was dem Volke lieb und heimlich war; die <u>freundlichen Waldfräulein</u>, die dem Jäger durch das hohe Irrkraut halfen, hießen sie hässliche Hexen, <u>Wode</u>, den hehren, nannten sie zum unholden Helljäger um, den Freitag, <u>Friggas</u> Tag, brachten sie in Verruf, und aus der <u>heiligen Dreizehn</u> machten sie eine Unglückszahl." (Das stumme Dorf; meine U.)

„Sein Reichtum aber tötete seine Seele und härtete sein Herz.

Wenn die anderen Bauern und Schäfer an den heiligen Tagen den Göttern im Schatten der Eichkämpe auf heiligem Stein Pferdeopfer brachten oder mit lodernden Holzstößen die Erhabenen priesen, dann lachte er und schalt sie Toren und Tröpfe.

Als seine Knechte von den Opferstämmen die heiligen Mährenschädel heimtrugen und sie an die Giebel seines Hauses hingen, stieß er mit seinem silberbeschlagenen Hütestock die Opfergedenken herab und schleuderte sie in die Herdflamme.

Wenn Wode in stürmischen Herbstnächten in den Wolken weidwerkte mit Huassa und Horridoh und hu und Hatz, dann schloss der Schäferkönig nicht Tor und Luke und legte sich zur Ruhe, sondern frech trat er in das Tor und lauschte dem Gejaid der Himmlischen.

Die klugen Männer, die weisen Frauen warnten ihn, doch er lachte über ihre Warnworte." (Der Schäferkönig; meine U.)

Seine Arroganz und Hybris gegenüber den alten Göttern bezahlt der reiche Schäferkönig am Ende der Geschichte damit, dass er in eine Birke und seine beiden Hunde in zwei große Steine verwandelt werden.

6. Der Heidepastor Wilhelm Bode (1860 – 1927)

Schon in seiner Jugend hat Wilhelm Bode ein besonderes Verhältnis zur Heide entwickelt. Die Heide war für ihn eine ausgesprochen schöne Landschaft, die er schützen wollte. In der Biographie von Walter Brauns ist allerdings sehr viel vom nervenzehrenden und jahrelangen Kampf um und für den Naturschutz die Rede, weniger von der „Heiligkeit" der Landschaft. Diese wird zwar erwähnt, aber es scheint wohl mehr um die ästhetische Seite dabei zu gehen, nicht so sehr um die spirituelle. Ich vermute, dass Bode als christlicher Pfarrer in der archaisch anmutenden Landschaft um den Wilseder Berg herum das Wirken von Gottes Schöpfergeist gesehen hat.

Die Anfang des zwanzigsten Jahrhunderts zunehmende und bereits zu negativen Auswirkungen führende touristische Vermarktung der Heide hat sein Engagement für den Naturschutz gefördert. Rücksichtslose Zerstörungen und Modernisierungen haben damals schon das Bild der Heide verändert. Wilhelm Bode wollte das Ursprüngliche und Unverdorbene „seiner" Heide bewahren. Er wollte „etwas absolut Ideelles" schaffen: „unentweihtes Urland deutscher Erde gelte es, in ursprünglicher Gestalt und Schönheit zu erhalten". (Brauns, S.131)

<u>Zitate aus anderen Medien:</u>

„Etwa ab 1910 nahm sein Mitwirken bei der Gründung und bei dem Ausbau des Naturschutzparks sein ganzes Denken in Anspruch. Mit dem Aufwand seines ganzen Wagemutes, seiner eigenwilligen Zähigkeit und Ausdauer gelang ihm nach langen mühseligen Verhandlungen der Erwerb des Wilseder Berges und des Totengrundes als Grundstock für den heutigen Naturschutzpark. Der Erhalt dieser Kulturlandschaft ist im Wesentlichen Pastor Wilhelm Bode zu verdanken. So hatte er bereits 1905 mit einer großzügigen Geldspende den "Totengrund" erworben und gründete 1909 in München den Verein Naturschutzpark Lüneburger Heide. 1910 wurden der Wilseder Berg und die ersten Heideflächen angekauft. Hierfür spendete auch Kaiser Wilhelm II. großzügig und genehmigte zudem zwei Lotterien zur Geldbeschaffung. Als am 29.12.1921 ein Gebiet von vier Quadratmeilen, in dessen Mitte der Wilseder Berg liegt, von der Preußischen Regierung zum Naturschutzpark erklärt wurde, wurde seine unermüdliche 10-jährige Arbeit von Erfolg gekrönt." (Heimatverein Egesdorf)

Wilhelm Bode schrieb an Erich Griebel auf Grund der Behinderungen für einen Naturschutzpark durch den seinerzeitigen „Direktor der Staatlichen Stelle für Naturdenkmalpflege in Preußen" Geheimrat Prof. Dr. Conwentz: „Was etwa drei Dutzend Anlieger freut, ist noch lange nicht des deutschen Volkes Wille, und auch Hermann Löns sprach sich sehr, wie ich beweisen kann, sehr für unsere Auffassung aus, nämlich, daß es nötig sei, aufs Ganze zu gehen und den Wunsch von Millionen Deutscher über den Egoismus einzelner Besitzer siegen zu lassen. Es fragt sich da, was das Höhere ist: der kleine Naturdenkmal-Gedanke oder der große Gedanke des Naturschutzparkes, der Eigennutz oder der Gemeinnutz." (Hermann-Löns-Blätter, Heft 2, 2004)

„Bodes gebieterische, bärtige, bauchige Gestalt, immer mit Wilddiebhut, wurde für die Heide so wichtig wie Bernhard Grzimek für die Serengeti. Als Spekulanten ihre Hände nach dem Kronjuwel, dem Totengrund, ausstreckten und dem Pastor klar wurde, dass nur Kauf noch Rettung bringen konnte, wuchs er zum Willensriesen: Diese Landschaft durfte nicht verscherbelt werden!

Welch ein Stellungskrieg damals! Wie viele taktische Rückzüge und Finten, bis der erste Mäzen der Heide, der Münsteraner Professor Thomsen, den Kaufvertrag für die Keimzelle des späteren Naturschutzparks in Händen hielt. Pastor Bode wurde zum ersten deutschen Naturschutzpionier, dem bleibende Wirkung gelang. Der Pastor-Bode-Weg ist sein Vermächtnis – ohne Übertreibung und Lokalpatriotismus einer der schönsten Wanderwege Deutschlands, die Direttissima, gut sieben Kilometer lang, durch Felder, Wiesen und die Wacholderheide von Egestorf nach Wilsede.

Die Landschaft ist über weite Stellen noch heute so wie zu der Zeit, als der Pastor Bode seinen barocken Schatten warf. Keine Flurbereinigung hat den Feldern das Gesicht weggeschnitten. Die Schmale Aue schlängelt sich durch Erlenbruchwald und Hartgraswiesen. Kiefern, Birken und Eichen säumen große Heideflächen, die sich kilometerweit nach Westen dehnen." (Zeit, online)

7. Die Heide als Refugium:
Arno Schmidt und Walter Kempowski

Nicht nur für Hermann Löns war die Heide ein Refugium, sondern auch für andere Autoren. Im Jahre 2018 kam ich bei der Besichtigung von Großsteingräbern in der nördlichen Heide beim Wohnort von Walter Kempowski vorbei. Heute sah ich auf einer von der Sonne leider völlig ausgeblichenen Info-Tafel am Wietzerberg das Bild von Arno Schmidt. Der Text war leider unleserlich.

Arno Schmidt hatte sich Ende der fünfziger Jahre in die Heide (Bargfeld bei Celle) in ein sehr einfaches Holzhaus zurückgezogen, um dort ganz seiner Literatur zu leben.

„Ein guter Schriftsteller darf weder haben Freund noch Vaterland noch Religion. Das klingt dem Leser aufs Äußerste schockierend, und es besagt doch letzten Endes nichts weiter, als dass ich bei einem Freund irgendwann doch einmal im Leben in Versuchung kommen könnte, die Wahrheit zu beugen, beziehungsweise dass es über dem Vaterland doch immer noch einen Begriff gibt, zumindest: die Menschheit. Oder dass es mir, wenn ich mich auf eine Religion einschwöre, mir unmöglich ist, andere, andersglaubende Völker und Zeiten zu verstehen. Mit anderen Worten: diese scheinbar so schockierende Formulierung ist doch nur der Ausdruck dafür, dass der Schriftsteller objektiv sein muss, eine Art Spiegel der Welt."

Mir ist diese Einstellung zu solipsistisch. Die absolute Fixierung auf die sogenannte Wahrheit und Objektivität kann ich nicht teilen. Wenn man die Landschaft schätzt und liebt, dann ist man nicht objektiv, dann will man vielmehr die besonderen Schönheiten herausstellen, dann will man vielleicht diese und die ganze Landschaft feiern. Ich kenne Arno Schmidts Werke nur sehr bruchstückhaft, so dass ich nicht beurteilen kann, wie er die Heide gesehen hat. Die Abgeschiedenheit und Weltferne wird er wohl geschätzt haben, vermute ich. Wichtig war ihm die Literatur, vor allem sein immenses, vielfältiges Wissen der Literatur.

Thomas von Steinaecker hat seinem in der „Welt" publizierten Artikel die Überschrift gegeben: Dass einer wie Arno Schmidt mal möglich war. Anders formuliert: dass so viel Individualismus, so viel Eigensinn, so viel Eigenbrödlertum und Einsiedlertum mal möglich gewesen ist, das ist schon erstaunlich, egal wie man zu seinen Büchern steht. Ich finde die großformatigen Werke unleserlich und kann auch keinen Sinn darin entdecken, mich ihnen unendlich viele Stunden zu widmen.

Bei meiner Suche nach einem Buch von Arno Schmidt, das ich noch einmal lesen könnte, stieß ich auf die folgende Rezension von Jörg Beckmann:

„Da hat sich einer zum Kauz des deutschen Literatur-Betriebs gemacht. Mit viel entsprechendem Geschick gewiss, doch wo - sagt es mir bitte -, steht sein „Meisterwerk" geschrieben? Wo hat dieser große Schreiber je mein Herz gerührt, wo mich so mitgerissen, dass ich gar nicht mehr beachtete, wie er schrieb, sondern längst mit ihm bei der Sache, seiner Geschichte, seiner Klage, seinem Leid mich befand, bereit mit ihm und seinen Figuren zu leiden?" (Lesebuch, bei Amazon)

Dem kann ich nur zustimmen. Die extrem eigenwillige Schreibweise, das endlose Spiel mit Assoziationen, ähnlich klingenden Wörtern und nicht zuletzt das pathologische Bedürfnis, James Joyce zu übertrumpfen, stehen zu sehr im Vordergrund.

Walter Kempowski dürfte wohl auch die Abgeschiedenheit geschätzt haben. Er hat sich intensiv mit seiner eigenen und der deutschen Vergangenheit beschäftigt. Er war der große Sammler von Dokumenten der Geschichte, vor allem der Geschichte des Zweiten Weltkrieges. Nur, eine gigantische Sammlung ist noch keine große Kunst. Ich kann mir nicht vorstellen, dass jemand Echolot komplett liest. Da mich das Kriegsjahr 1941 interessierte, hatte ich den Versuch unternommen, diesen Teil zu lesen, aber es wurde mir schnell zu viel.

Äußere Abgeschiedenheit und innere Weltferne scheinen bei den Autoren zu korrespondieren. Kempowski war wohl deutlich sozialer, mehr ein Freund der Menschen als Schmidt. Seine Bücher sind viel leichter zu lesen, auch wenn ich sie für zu additiv und zu lang geraten halte. Vielleicht bleibt von den beiden Heidedichtern, wenn man sie so nennen kann, vor allem ihr Modell eines Schriftstellerlebens in Abgeschiedenheit von der modernen Urbanität bestehen, obgleich sie sich, wie ich finde, im Gigantomanischen verloren haben, was schade ist.

8. Der Wacholder

Der Wacholder ist eine typische Heidepflanze. Ohne sie könnte man sich keine Heide vorstellen.

Wenn wir ein Heidegebiet vor uns haben und viele Wacholderbüsche sehen, dann können sie uns wie Personen erscheinen, besonders in der Dämmerung, im Nebel oder in der mondhellen Nacht.

„Alles in allem zeigt der Wacholder eine gegensätzliche Mischung aus Vitalität, Ausdauer und Regenerationskraft auf der einen Seite und starker Zurückhaltung, langsamem Wachstum und Knorrigkeit auf der anderen Seite. Das Geheimnis liegt darin, daß der Wacholder mögliche Größe opfert, um unter harten und extremen Bedingungen außergewöhnliche Aufgaben zu erfüllen." (Hageneder, S.352)

Eine interessante und schöne Kombination von Kräften und Werten, wie ich finde. Daran kann *mensch* sich ein Beispiel nehmen.

Manche Wacholderexemplare haben eine ungewöhnliche Wuchsform, wie der auf der Zeichnung. Darin besondere Wesen, Persönlichkeiten zu sehen, fällt nicht schwer. Da liegt es nahe, sie als Hüter und Wächter von magischen Stätten anzusehen. Manche Wacholder wirken wie grüne Lichtsäulen in der Landschaft, welche die dunkle Erde und den blauen Himmel miteinander verbinden.

Wacholderbeeren verwendet man für Sauerkrautgerichte. Sie sollen die Verdauung fördern. In Heilpflanzenlexika wird das Thema der Blasenleiden und Niedendurchspülung behandelt. Außerdem soll Wacholder auch böse Einflüsse und Geister vertreiben.

9. Die Birke

Ein zweiter Baum, der für mich mit der Heide verbunden ist, das ist die Birke. In Heidegebieten gibt es Straßen, an denen links und rechts viele Birken stehen. Manche davon kenne ich schon seit sehr vielen Jahren. Leider werden auch viele immer wieder abgeholzt. Die Birke scheint vielen, so mein Eindruck, kein wertvoller Baum zu sein.

Die Birke ist ein sogenannter „Pionierbaum", d.h. sie taucht schnell auf brachliegenden Gebieten auf und beginnt mit der Bewaldung. Man findet sie auf sandigen, öden Gebieten, aber auch oben im Harz zwischen den Felsen, wo es neben Heidelbeerbüschen auch immer wieder Heidekrautflächen gibt. Auch auf sauren Moorgebieten ist sie zuhause.

Es gibt die Unsitte, junge Birken zu Pfingsten abzuschneiden, und sie vors Haus oder Grundstück zu stellen, um sie dann nach ein paar Tagen fortzuwerfen. Diese Weg-werf-Mentalität ist im Angesicht der Klimakatastrophe nur noch widerlich, aber die Leute geben ihre Verhaltensmuster nicht auf.

Die Birke steht für Neubeginn, neues, frisches, grünes Leben. Also das Gegenteil des Verhaltens, das ich gerade beschrieben habe. Die Birke ist ein zarter, lichter Baum. Sie wird nicht sehr alt. Dennoch gibt es hier und da schöne, alte Exemplare, die man unbedingt erhalten sollte.

„Tee der jungen Blätter oder der berühmte Birkensaft regen die Galle, die Niere und die Blase an. Sie wirken allgemein harntreibend, entzündungswidrig und leicht schweißtreibend. Der blutreinigende Saft ist seit alter Zeit ein hochgeschätztes Tonikum für den gesamten Stoffwechsel. Die innerlich angewendete Birke hat auch eine leicht antidepressive Wirkung. Sie bringt geistige Geschmeidigkeit und Sanftheit zu denen, die zu Steifheit und Halsstarrigkeit neigen, und hilft bei Krankheiten wie Arthritis und Rheuma. Sehr bekannt ist auch das Birkenhaarwasser als äußerlich anzuwendendes Tonikum für die Kopfhaut." (Hageneder, S. 248)

All diese mehr physischen Wirkungen kann man auf andere Ebenen übertragen.

Während der Wacholder oft als Baum des Totenreiches angesehen wird, sieht man die Birke in Bezug zum Himmel. Die weiße Rinde, die zarten Zweige, das helle und lichte Blattwerk legen das nahe. Birken stehen für die Auferstehung, was die Kirche natürlich von den Kelten oder Germanen übernommen hat. Im Zweiten Weltkrieg hat man den toten Soldaten Kreuze aus Birkenholz aufgestellt – vermutlich in der Hoffnung, sie mögen schnell wieder zurückkehren aus dem Totenreich.

Manche verbinden die Birke mit Brigid oder der weißen Göttin, andere mit Frigga oder Demeter. Aber zu viele Namen verwirren nur den Geist!

Da die Birke ein meist junger Baum ist, würde ich sie weniger mit einer Muttergottheit (dafür eignet sich die Linde oder die Buche) verbinden, sondern mit einem jungen Mädchen oder einer jungen Frau, also der Liebesgöttin Freya beispielsweise.

Ein junges Mädchen oder eine junge Frau als Göttin sehen? Vielleicht gibt es nichts „Heidnischeres" als diese Vorstellung, die einen krassen Kontrast zu allen möglichen herkömmlichen Konzepten alter, depressiver und zynischer Patriarchen darstellt. Lebendigkeit und Zartheit, Schönheit und Helligkeit, Leichtigkeit und Luftigkeit!

10. Die Kiefer

Die Kiefer findet man in allen möglichen Gebieten von Norddeutschland. Dennoch erweckt sie immer wieder einen anderen Eindruck. Es ist ein und derselbe Baum, was die Art betrifft, aber die Kiefern in der Heide, wenn sie als einzelner Baum stehen, erwecken den Eindruck besonderer Persönlichkeiten.

So habe ich im Tietlinger Wacholderhain eine ganze Reihe von sehr ausdrucksstarken Exemplaren entdeckt. Sie drücken die harzige Urkraft der Erde aus. Diese kann für die Heilung von Bronchien und Lunge genutzt werden. Wenn man unter einer Kiefer steht, kann man ihre Ausdünstungen einatmen und spüren. Natürlich noch intensiver bei frischem Holz oder bei Kiefernprodukten. Im Buch von Susanne Fischer-Rizzi findet man eine Reihe von Rezepten.

„Die Kiefer hat ein besonderes Verhältnis mit dem Wind. Als Windblütler braucht sie ihn, denn er verbreitet ihre Samen. … Die Kiefer stemmt sich nicht gegen den Wind, sie nimmt seine Formen an und gewinnt dadurch ihren eigenen, ganz besonderen Charakter." (Fischer-Rizzi, S.120)

Über den Feuer-Aspekt der Kiefer spricht Hageneder von der „ewigwährenden Lebenskraft". Und über den Norden schreibt er:

„Das rauhe nördliche Klima enthüllt die andere Seite, hier wird Pan/Pinie zum Krieger, der durch seinen starken Überlebenswillen siegt. Der Baum stellt sich den Elementen entgegen, und ungeachtet der Heftigkeit ihres Ansturms und der Armut des Boden oder gar des Felsens, auf dem sie steht, gedeiht er – seit der Eiszeit ununterbrochen als eine der dominanten Baumarten." (S.350)

Wenn man eine markante Kiefer betrachtet oder unter einer steht, dann gibt sie einem ein positives Lebensgefühl, eine positive, optimistische Haltung der Welt und dem Dasein gegenüber. Selbst wenn sie große Äste verloren hat, gibt sie nicht auf. Sie zieht aus der Erde ein starkes Feuer. Die Rottöne der Rinde oder das Baumharz weisen darauf hin.

41

11. Die Steine der Heide

Überall in der Heide findet man Steine aus der Eiszeit. Größere und kleinere. An manchen Orten große Mengen. Aus archaischen, ur-religiösen Gründen scheinen sie beliebt zu sein. Größere Bauernhöfe haben oft vor ihrem Gehöft einen größeren Findling mit eingraviertem Namen. Viele größere Findlinge fungieren als Grab- oder Gedenksteine. Selbst moderne Esoteriker stellen ihre Steine auf.

Auf dem Foto vom Lönsgrab sieht man im Mittelpunkt den Grabstein mit dem Namen und der sogenannten Wolfsangel, dem von Löns gewählten Symbol. Auch auf der Rückseite ist es groß eingraviert. Der größere Findling liegt auf kleineren Findlingen.

Der Platz um den Grabstein herum ist gepflastert. Für Pflasterungen wurden und werden kleinere Findlinge verwendet. Es gibt noch alte Heidestraßen, gesäumt von Birken, welche diese Pflasterung aufweisen. Für den Autofahrer nicht gerade ein Vergnügen!

Weiter sieht man auf dem Foto mittelgroße Findlinge als Begrenzungssteine, die ein Beet einfassen.

Die ganz großen Findlinge wurden vor Jahrtausenden für die Großsteingräber verwendet. Auch wenn viele Anlagen zerstört wurden, findet man in norddeutschen Heidegebieten noch viele dieser Anlagen.

Für die Fundamente der Kirchen und Bauernhäuser hat man viele Steine verwendet. Teilweise hat man sie gespalten, um eine gerade Kante zu erhalten. Einige sehr große Steine wurden sogar komplett zerstört, um sie als Baumaterial zu verwenden.

„Ein alter Opferstein mit einer Oberfläche von 81 Quadratmetern wird in der Nähe von Brockhövede beim Pflügen bloßgelegt und weist noch Urnen und deutliche Spuren von Asche und Holzkohle auf. Die Menschen kommen von weither, mit frommer Scheu dies Heiligtum ihrer Ahnen zu betrachten – bis kluge Köpfe entdecken, daß sich die Steine vorzüglich für einen Hausbau eignen. Zunächst werden einige Stücke abgesprengt und dann die Reste verkauft. Die Regierung erwirbt sie für 333 Mark und lässt daraus die großen Eisenbahnbrücken zwischen

Munster und Ebsdorf bauen. Jetzt weiß man nur noch, wo der größte aller Findling der Lüneburger Heide einst gelegen." (Brauns, Heidepastor, S.113)

„Die Findlinge, die überall in der Landschaft zu finden waren, stellten auch durchaus begehrte Rohstoffe dar. Man darf ja nicht vergessen, dass die Geest hinsichtlich Baumaterialien doch reichlich eingeschränkt ist. Außer Sand und dem Holz der Wälder gab es nur die Findlinge. So zeugen auch heute noch viele Kirchen aus Feldsteinen, die Sockellagen der Fachwerkhäuser, aber auch Kopfsteinpflaster und Mauern oder das Schweriner Schloss von ehemaligen Findlingen. Vielerorts wurden zu Bauzwecken auch große Findlinge gesprengt, um Rohstoffe für Bauten zu gewinnen.

Ein sehr anschauliches Beispiel dafür gibt das Schicksal des vermutlich größten in der Lüneburger Heide gefundenen Findlings. 1875, also in dem Jahr, in dem die Theorie der nordischen Vereisung auch in Deutschland anerkannt wurde, fand man beim Pflügen in der Nähe von Brockhövede einen enormen Findling. Seine Oberfläche wird mit 81 m² angegeben. Sein Volumen ist nicht überliefert, aber die Menge der aus ihm gewonnenen Bausteine reichte zum Bau von Eisenbahnbrücken zwischen Munster und Ebstorf, wobei sogar für den Hausbau noch etwas übrig blieb."

(Quelle:https://scilogs.spektrum.de/mente-et-malleo/tag-des-geotops-2018-eiszeit-findlingspark-todtgluesingen/)

Auch wenn heute vieles geschützt ist, so sollte man sich nicht der Illusion hingeben, dass die Grundhaltung der Menschen eine bessere ist. Wenn man etwas gebrauchen kann, dann wird zugegriffen, vor allem dann, wenn es um Gewinne geht. In dem ersten Zitat haben wir die typische Ambivalenz: einerseits die Verehrung eines „Heiligtums" und andererseits das Nützlichkeitsdenken. In jedem Heidedorf können wir beide Seiten erkennen und studieren.

Somit haben wir ein vielfältiges und gegensätzliches Bild, was die Steine der Heide betrifft.

Lönsgrab bei Fallingbostel

Bemerkenswerte Heidegebiete

1. Tietlinger Wacholder-Hain mit Lönsgrab

Den Tietlinger Wacholder-Hain, der bei Bad Fallingbostel liegt, erreicht man vom Parkplatz beim Golfplatz aus. Das erste Stück ist eine von Bäumen gesäumte schmale Straße. Man könnte meinen, man sei hier falsch, aber nach ca. 600 Metern kommt man zum eigentlichen Gebiet. Nach dem Zaun wird es dann immer besser.

Zunächst steigt der Weg zum Hilligenberg an. Eine Stätte für die Ahnen, so dachte ich sofort. Auf dem Berg steht ein großer Stein, darauf die Inschrift „Hilligenberg". Auf der Rückseite lese ich dann die Bestätigung meines Eindrucks:

> Oh Heimat traute Ahnenstätte
>
> so rauscht im hohen Tann der Wind
>
> ach wenn ich solche Heimat hätte
>
> wie du beglücktes Heidekind.

Hinter dem Stein stehen zwei markante, alte Birken. Beim weiteren Rundgang fallen mir weitere alte Birken auf, oft stehen zwei oder drei eng beieinander. Drei Birken für die drei Aspekte der Göttin, denke ich. Wunderschön sind die vielen großen und ausdrucksstarken Kiefern in dem ganzen Gebiet. Allein dafür lohnt ein Besuch.

Vom Hilligenberg geht der Weg etwas abwärts, später wieder hoch. Geht man geradeaus weiter kommt man zu der Gedenkstätte für Hermann Löns, geht man rechts, dann kommt man zu dem kleinen Hügel, auf dem sich die Grabstätte befindet. Dort ist das Heidegebiet wunderschön und eine würdigere Gedenk- und Erinnerungsstätte ist kaum denkbar. Es geht aber nicht nur um Hermann Löns, meine ich, sondern es geht um den Naturmenschen schlechthin und seine Wertschätzung der ursprünglichen, reinen Natur, der hier verehrt werden soll.

Gedenkstätte für Hermann Löns – Tietlinger Wacholder-Hain

Erstes Foto Hilligenberg, zweites Foto zeigt den Grabstein und drittes Foto die Gedenkstätte. Es handelt sich um einen einfachen gemauerten Sockel mit vier herausstehenden Ecksäulen, auf denen jeweils ein runder Findling liegt. Ganz oben liegt ein flacher Findling mit dem Namen Hermann Löns.

Höret

Es gibt nichts Totes auf der Welt,
Hat alles sein' Verstand,
Es lebt das öde Felsenriff,
Es lebt der dürre Sand.

Laß deine Augen offen sein,
Geschlossen deinen Mund
Und wandle still, so werden dir
Geheime Dinge kund.

Dann weißt du, was der Rabe ruft
Und was die Eule singt,
Aus jeden Wesens Stimme dir
Ein lieber Gruß erklingt.

Dieses Gedicht von Löns kann man auf einer Tafel am Eingang des Wacholderhains lesen. Die zweite Strophe hat man für die Steintafel auf dem Gedenkstein verwendet.

2. Wietzer Berg mit Gedenkstätte für Löns

Das Heidegebiet des Wietzer Berges liegt südlich von Müden (Örtze). Am Fuße des Berges gibt es einen Parkplatz, von dort kann man leicht den Berg besteigen.

Ein schöner, in der Sonne leuchtender Heideweg, meist sandig, weiter oben mit vielen kleinen Steinen aus der Eiszeit, führt durch das Heidekraut in geschwungener Form hinauf. Vereinzelt stehen Birken und Kiefern. Unter einer großen markanten Kiefer stehen ein paar Info-Tafeln, teilweise so ausgeblichen, dass man den Text nicht mehr lesen kann. Mich stören diese Tafeln, weil ich mich dem Baum, der starken Kiefer widmen möchte – und nicht den Informationen. Die Leute in den Schreibstuben der Behörden denken wohl immer, je mehr Info-Tafeln, desto besser. Sie lassen sie aufstellen, kümmern sich dann oft nicht weiter darum, und im Laufe der Jahre werden sie immer unansehnlicher.

Auf der flachen Kuppe des Berges, bzw. eigentlich ist es ja nur eine Anhöhe, stehen weitere Info-Tafeln und eine Reihe von Bänken. Im Zentrum befindet sich die Gedenkstätte für Hermann Löns aus dem Jahre 1921. Auf einem größeren Steinsockel liegt ein rundlicher Findling. Der Steinsockel steht auf einem Steinplateau, das von Steinen eingefasst worden ist. Vier aufrechtstehende Steine in jeder Himmelsrichtung, dazwischen jeweils ca. vier bis sechs rundliche Steine. Auf einer Info-Tafel steht nur, woher die Steine kommen. Das Konzept des Bauwerks wird nicht erklärt. Anhand des Fotos kann man es selbst studieren.

Wichtiger ist für mich die Frage, was man damit macht. Was soll man tun? Es umrunden wie einen Stupa? Und mit welchem Ziel?

Einige Wacholderbüsche sind vermutlich im letzten Sommer (2018), der zu heiß und zu trocken war, gestorben. Eine Eiche hat einen großen Ast verloren. Auf östlicher Seite steht noch eine größere Fichte, deren Zweige bis auf den Heideboden ragen. Hier und da liegen weitere Findlinge herum, offensichtlich ohne Konzept.

Auf den Bänken finde ich das Zeichen, das ich kürzlich gesucht habe.

Eine Lebens-Blume mit sechs Blüten in einem Kreis. Ob Hermann Löns dieses Zeichen meinte? Ein neuerer Freundeskreis (2004) hat es auf einer Bank einritzen lassen.

<u>Hier mein persönlicher Deutungsversuch:</u>

Das Viereck bildet einen geschützten Raum: der heilige Platz, der umfriedete Hag, die Heimat. Die Zahl Vier als Zahl eines klaren Systems, einer übersichtlichen und einfachen Ordnung. Alle Steine zusammen bilden eine Art Kette, die man als Kette der Generationen, der Ahnen, der Menschen der Heide verstehen könnte.

Der gemauerte Steinsockel könnte für Kraft und starke Erdverbundenheit stehen. Fest und dauerhaft mit dem Land verbunden sein und bleiben.

Den Findling im Vordergrund könnte man als einen Herzstein deuten. Das Herz gehört der Natur und ihren Schönheiten. Nicht nur das von Hermann Löns natürlich, sondern das von jedem, der den Ort besucht und der sich mit der Natur der Heide verbunden fühlt oder verbunden sein möchte. Den Findling oben auf dem Sockel könnte man dann als einen Herzstein des Himmels, des Heidehimmels verstehen.

*

In buddhistischen Ländern gibt es Stupas, Ritualbauten, die das Thema der Vergeistigung ausdrücken sollen. Die Erbauer des Lönsdenkmals haben daran vermutlich nicht gedacht, aber unbewusst geschieht manchmal Erstaunliches. Vielleicht können wir das Denkmal auf dem Wietzer Berg als eine Art von Stupa verstehen. Es steht dann für eine geistige Haltung, die sich mit der Landschaft, der Natur, den Geistern der Heide und allen fühlenden Wesen dort verbunden fühlt. Tiefe Achtung für die Erde und den Himmel über der Heide. Steinsockel und großer Findling bilden dann eine harmonische Einheit von Erde und Himmel. Das Gerade und das Runde ergänzen sich wie Yin und Yang. Eine rituelle Umrundung könnte dann bewusst die Einheit und Harmonie würdigen, die wir in heutiger Zeit so dringend brauchen.

Ich verstehe meine Deutung als einen Vorschlag.

„Stupa" auf dem Wietzer Berg

3. Wilseder Berg und Umgebung

Das Gebiet um den Wilseder Berg gehört sicher zu den schönsten und besten Heidegebieten. Allerdings ist es teilweise, besonders am Wochenende sehr überlaufen. Man muss sich also genau überlegen, wann man dieses Gebiet aufsucht.

Im Zentrum befindet sich der Wilseder Berg, von dem man vor allem in westliche Richtung einen schönen Fernblick hat. Auf der Westseite steht eine alte, einzelne, markante Buche. Der beste und wichtigste Baum im Bereich des Gipfels. Auf der Ostseite finden sich weitere, größere Bäume.

Die kleine Ortschaft Wilsede, die den Eindruck eines ursprünglichen Heidedorfes erwecken soll, habe ich immer als zu überlaufen und als zu museal empfunden. Eine schöne Kulisse für die Illusion, die Zeit wäre angehalten worden, als wäre die Welt noch eine Idylle mit Pferdewagen und einfachen Häusern.

Totengrund und Steingrund sind phantastische Regionen. Auch hier gilt: möglichst dann besuchen, wenn nicht so viele Leute unterwegs sind, damit man sich den Pflanzen, den Buchen, den Eichen, den Birken und vor allem dem Wacholder wirklich widmen kann. Endlos plappernde Menschen stören oder verhindern einfach den Kontakt zu den Naturwesen.

4. Heide bei Niederhaverbeck

Ein sehr schönes Heidegebiet ist die Region westlich von Niederhaverbeck, das man vom Gasthof Menke erreichen kann. Von dort führt einer der Wege zu einer Anhöhe, von der man einen herrlichen Blick über weite, leere Heidelandschaft hat.

Eichen und Wacholder stehen hier eher vereinzelt, auch Birken. Unten, noch in der Nähe des Gasthofs, finden sich größere und ältere Birken.

Östlich von Niederhaverbeck habe ich vor Jahrzehnten einen Steinkreis errichtet. Natürlich nur einen kleinen. Er befindet sich immer noch dort. Einer der ganz wenigen, die so lange Bestand hatten. Inzwischen sind die Steine nahezu im Boden versunken. Gras ist über den kleinen Steinkreis gewachsen. Das ist gut, so soll es sein. Zurück zur Erde, in die Erde.

Westlich von Niederhaverbeck habe ich vor ca. zehn Jahren einen kleinen Steinkreis gelegt. Die Steine liegen noch dort. Er befindet sich abseits des Weges. Er ist kaum zu finden, soll es auch nicht und ist nicht unbedingt als solcher zu erkennen. Wenn es eher zufällig aussieht, dann lässt man es in Ruhe, denke ich.

Aber es ist mir heute nicht mehr so wichtig, wie es das mal war. Wichtig ist, dass die Landschaft erhalten bleibt, dass die Bäume, die Eichen, die Birken, die Wacholderbüsche erhalten bleiben, dass keine Veränderungen stattfinden.

So manche Kiefer und Eiche stirbt, oft wegen der Trockenheit des Bodens. Aber das ist natürlich. Auch im Zustand des Abgestorbenseins sind die Bäume noch schön, noch magisch, noch geheimnisvoll.

Wunderbar ist es, vor einem einzelnen Stein zu verweilen und über die weite Landschaft den Blick schweifen zu lassen, zu spüren, dass man als Mensch ein wanderndes Wesen ist, das hierher gehört, und das schon immer.

Solitär stehende Kiefer bei Niederhaverbeck

5. Thekenberge und Harslebener Berge

Der Höhenzug der Thekenberge und Harslebener Berge befindet sich südwestlich von Halberstadt und verläuft in Richtung Quedlenburg. Das Gebiet ist vor allem mit Kiefern, Birken und Eichen bewachsen. Auf den baumlosen Teilen wächst Heidekraut.

Etwas solitär steht der große Thekenberg, den ich selbst *Vision Peak* getauft habe, weil es ein Berg ist, der zur Visionssuche einlädt. Selbst wenn man nur kurz hier verweilt, kann man das spüren. Man hat einen herrlichen Blick in Richtung Hoppelberg bei Langenstein und weiter in Richtung Brocken. Auch die Felsen bei Westerhausen kann man sehen.

Oben auf dem Thekenberg liegen nackte Felsen, und zwar Sandstein, genauer der Involutussandstein. In dem weichen Stein haben viele Besucher ihre Spuren hinterlassen. Teile der Felsen bröckeln immer wieder ab oder werden im Laufe der Zeit zu Sand. So findet man das Heidekraut auch oben auf den Bergen bzw. Hügeln des Höhenzuges.

Am Fuße des Vision Peaks kann man im Frühjahr die gelben Blüten des Adonisröschens finden. Sie leuchten inmitten des ockerfarbenen Grases des vergangenen Jahres.

Auf dem folgenden Foto sieht man den Thekenberg aus nordwestlicher Richtung, aus der er wie eine Pyramide wirkt. Aus südwestlicher Richtung wirkt er wie ein Tafelberg im Südwesten der USA. Im Vordergrund sieht man ein Adonisröschen, eine Art „Sonnenblume", die im zeitigen Frühjahr zu sehen ist.

Thekenberg mit Adonisröschen im Vordergrund

6. Pestruper Gräberfeld

Das Pestruper Gräberfeld ist eine Heidekrautfläche südlich von Wildeshausen. Die Fläche ist etwa 30 ha groß. Auf ihr befinden sich 530 kleinere und größere Grabhügel, die alle nicht sonderlich groß wirken, eher wie eine leicht gewellte Landschaft. Imposantes sucht man hier vergebens, aber darauf kommt es nicht an, sondern eher auf das leere Feld, auf dem neben dem Heidekraut vereinzelt Birken und Kiefern stehen. Im südlichen Teil stehen ein paar mehr Birken und auch Eichen. Der wesentliche Teil des Gräberfeldes ist jedoch baumlos und soll es sicher auch bleiben.

Am nördlichen Rand befindet sich ein traditioneller Schafkoben (auf dem ersten Foto hinten links zu sehen). Historische Funde und Deutungen kann jeder z.B. bei Wikipedia nachlesen. Aber ich finde es wichtiger, sich auf die LEERE des Platzes einzulassen, diese zu erfahren und auch zu genießen, wo doch sonst alles nur übersiedelt und überzivilisiert ist. Was wurde nicht allein um Wildeshausen herum in den letzten 30 Jahren gebaut. Wann hört das endlich auf?

Bemerkenswert finde ich eine kugelartige Kiefer, die sich auf der südöstlichen Seite befindet. Man kann in die Kugel hineingehen bzw. etwas kriechen und befindet sich dann gewissermaßen im Inneren, im Herzen des Baumes.

An einem heißen Sommertag kann man sich unter eine der Birken, die sich in der Nähe befinden, ins Gras oder auf eine Decke legen. Da kann man eine Jenseits-Erfahrung machen. Jenseits von dem üblichen Alltag, der modernen Zeit und all dem endlosen Tingeltangel.

7. Heidewege

In manchen Heidegebieten kommt es vor allem auf die Wege an, weniger auf ein bestimmtes Ziel. Man muss hier nirgendwo ankommen. Sondern einfach nur auf einem Weg sein, in die eine Richtung, oder in die gegensätzliche. Man könnte auf einem Weg auch einfach mal hin und hergehen. Oder man bleibt stehen, dreht sich um, schaut in die Richtung, aus der man gekommen ist.

Im Raum Unterlüß – Faßberg – Hermannsburg finden sich verschiedene Gebiete, in denen die Wege das Entscheidende sind, abgesehen von den größeren Heideflächen natürlich.

Es sind TRAUMZEITPFADE.

Man kann sich seine Gedanken über die Urzeit der Erde machen, über die Pflanzen- und Tierwelt ohne den Menschen, auch wenn jeder weiß, dass es nur so von Menschen wimmelt und man de facto nur durch eine kleine Heidefläche wandert. Man muss das einfach einmal verdrängen.

Wenn man im Geiste der Traumzeit wandert, erlebt man die Welt anders. Und darauf kommt es hier an, denke ich: die Welt anders er-leben! Als Ur-Welt freier Wege.

Heideweg, Misselhorner Heide

8. Oldendorfer Totenstatt

Die sogenannte Oldendorfer Totenstatt ist ein Heidegebiet nördlich von Amelinghausen. Auf dem Heidegebiet befinden sich mehrere Langgräber und Grabhügel. Hier und da stehen vereinzelt große Kiefern.

Das ganze Areal lässt sich ganz gut für schamanische Rituale verwenden, allerdings eher solche der stillen Art und Weise. Beim ersten Hühnenbett, neben dem eine markante Eiche steht, kann man mehr für sich sein, weil sich dieses Langgrab etwas außerhalb der normalen Wege befindet.

Die zwei offenen Steingräber kann man fürs Trommeln nutzen, wenn man es behutsam und eher leise macht. Von lärmenden Ritualen mit hohen Ansprüchen halte ich nicht viel. Bescheidenheit ist angesagt. Wer alles nur in Stille oder mit leisem Gesang macht, auch das ist gut und sinnvoll.

Der Ort gehört ja nicht uns, sondern den Ahnen der Gegend, der Vorzeit, den Naturgeistern. Man selbst ist nur ein Besucher für kurze Zeit. Man muss froh und dankbar sein, dass sich solche Orte noch erhalten haben, dass nicht alles platt gemacht worden ist.

Wer einen Ort für den Ahnenkult sucht, der ist hier richtig.

Der besondere, flache Stein, der auf dem Foto zu sehen ist, kann gut für Rituale verwendet werden. Als ich das letzte Mal dort zu Besuch war, fand ich Spuren von Dankesgaben.

In der Südwestecke des Geländes gibt es unter Kiefern eine weitere interessante Stelle. Dort liegen einige Findlinge herum, die, so vermute ich, von den Feldern außerhalb des Geländes stammen.

Oldendorfer Totenstatt, Ritualstein

9. Traumzeitfelsen

Ein sehr schönes „Heidegebiet" sind die Traumzeitfelsen in der Nähe von Thale. Leider wird von offizieller Seite immer noch der diffamierende Begriff der Kirche verwendet. Das Gebiet ist nicht durchgängig mit Heidekraut bewachsen, aber teilweise gibt es größere Flächen.

Auf jeden Fall ist es für den naturspirituellen Menschen ein herrliches Wandergebiet, denn hier kann man sich in die Urzeiten zurückversetzen. Die Entstehung der Erde spüren. Die Gestaltungskräfte der Erde, nicht des Menschen. Den Wanderungen der Ur-Horden nachsinnen. Neben breiteren Wanderwegen, gibt es auch schmale Pfade, wie auf dem Foto zu sehen.

Eines der schönsten und größten Heidegebiete ist das auf dem oberen Foto. Oben auf dem Hügel, von dem aus das Foto aufgenommen worden ist, steht ein Holztisch mit zwei Bänken. Man hat einen weiten Blick über die Landschaft, Richtung Nordwesten, kann Berge bei Blankenburg sehen.

Vor Jahrtausenden gab es sicher mehr Felsen. Vieles wurde zerstört, indem man Baumaterial für Häuser gebraucht hatte. Heute steht nur noch das, was übrig geblieben ist, aber man kann ahnen, wie es einmal ausgesehen hat, was die ersten Menschen fanden, als sie durch diese Gegend zogen. Wer also eine archaische Landschaft sucht, der ist hier *goldrichtig*.

Auf dem Foto ist eine mehrstämmige Birke zu sehen. Möge der Baumhüter des Ortes noch lange leben, denn die zunehmende Trockenheit macht der ganzen Gegend sehr zu schaffen.

Literarisches

1. Gedichte und Lieder über die Heide

Im folgenden Gedicht beschwört Hermann Löns die alte Zeit der Heide. Für ihn ist es eine harmonische Zeit der Kraft und Verbundenheit mit der Erde. Außerdem die Zeit der ursprünglichen Religion dieser Region. So erwähnt er Wodan und Frigga. Weiterhin alte Symbole, wie die Sonnenrune und den „heiligen Kreis". Was er mit letzterem meint, konnte ich nicht herausfinden: eine Lebensblume mit sechs Blüten, ein elementares Radkreuz, ein Sonnenrad oder ein Pentagramm in einem Kreis sind Möglichkeiten.

Im Text „Der Hellweg" heißt es:

„Die alte Eiche galt den blonden Männern als heiliger Baum; deswegen schlugen sie rund um sie her die Fuhren nieder, pflanzten fünf Eichen in regelmäßigen Abständen um sie her und verbanden die gegenüberstehenden so durch schmale, mit weithergeholten Steinen gepflasterte Wege, daß das Zeichen der ewigen Wiedergeburt, die beiden übereinander liegenden Dreiecke, der Stern mit den fünf Zacken, der heilige Kreis entstand. Hier lobten sie an den hohen Tagen Wode und Frigga, feierten sie die Siegesmahle, wenn es ihnen gelungen war, die Südlandsleute in die Irre zu locken und zu vernichten, tranken sie Minne den großen Toten ihres Volkes, deren Brüste das Pilum der Römer zerrissen oder deren Schnäbel die fränkischen Pfeile durchbohrt hatten."

https://gutenberg.spiegel.de/buch/jagdgeschichten-1640/52

Das Betonen von alten Göttern und Gesetzen wirkt bei Löns etwas trotzig. Bisher hat das wenig bis gar nichts ergeben. Es gibt keine Religion der Heide. Es gibt keine überzeugende Reaktivierung alter spiritueller Formen. Außerdem bewundern viele Deutsche eher das Ferne, z.B. indianische Kulturen in Peru oder den tibetischen Buddhismus. Die normale Bevölkerung ist ohnehin meist a-theistisch oder vertritt ein rückwärtsgewandtes Christentum. Da das Gedicht von Löns aus einer uns inzwischen eher fremden Zeit stammt, nehme ich dafür mal die Humboldt-Fraktur.

Das Osterfeuer

Über die Haide ging ich, die Haide so weit und so breit,
Mürrische Worte raunte ins Ohr mir die Einsamkeit.

Raunte von toten Zeiten, da hier noch der Urstier zog,
Über dem Bruche der Adler himmelhoch kreisend flog;

Da der Grauhund, der grimme, Mordrunen ließ im Sand,
Da noch das Elch, das starke, fiel von des Jägers Hand.

Da noch nicht welsche Weise Gut in Böse verkehrt,
Wode und Frigga, die Hehren, standen hochgeehrt;

Da noch Mannesmut galt und nicht allein das Geld,
Da mit dem blanken Schwert wahrte sein Recht der Held;

Nicht mit feigem Worte, und nicht mit billigem Eid;
Also lehrte mich heimlich die Toteneinsamkeit.

Unsere Götter die hießen einstmals Liebe und Kraft,
Kraft, die Leben erzeugt, Liebe, die Wonnen schafft.

Unser Gesetz war kurz, unser Gesetz war das:
Liebe um Liebe, aber auch Haß um Haß.

Treuhand jedwedem Mann, der sich erwies als Freund,
Bluthand dagegen dem Wicht, so sich da nahte als Feind.

Andere Zeiten zogen über das Haideland,
Vor der tückischen Art Wodes Lobewald schwand;

Frigga die freundliche Fraue wurde zur Hexe verkehrt,
Jeglicher heilige Ort zur Greuelstätte entehrt;

Wodes edles Geflügel hieß Galgenvogel nun,
Friggas schelmisches Eulchen schimpften sie Leichenhuhn;

Und die Dreizehn, die hohe Geheimniszahl,
Unglücks- und Angstnummer wurd sie mit einem Mal.

Zwischen Eichen erhob sich ein einsames Strohdachhaus,
Mährenhäupter reckte der moosige Giebel heraus;

Unter ihm aber nach freundlicher Altsitte noch
Eingeschnitten als Herz starrte das Ulenloch.

An dem Missetürbalken, dem grauen, nach alter Weis'
Eingehauen und bunt prangte der heilige Kreis,

Und die Sonnenrune, die gute, daneben auch,
Nach der Urvorväter ernsthaft beharrlichem Brauch.

Rechts und links von der schwarzblanken Feuerwand
Wodes Schlachtroß mutig sich bäumend stand;

Gleich als wollte es lauthals mir wiehern zu:
Noch trage Wode ich, Freund, noch trauest Frigga du.

Weiter ging ich über das dämmernde Land,
Hinter dem rund und rot das gute Gestirn verschwand;

Ihm gegenüber weit hinter dem bräunlichen Bruch
Eine glührote Flamme zum sternleeren Himmel schlug;

Vor dem nachtschwarzen Wald weiß stieg der Rauch empor,
Bis er im Abendgewölke sich langsam verlor.

Und ich stand und stand und sah nach dem Feuerschein,

Hörte der Mädchen Gesuche, der Jungkerle gellendes Schrei'n,

Und ich lachte und dachte: der Urväter fröhliche Art
Hat sich trotz alldem mein Volk immer noch treulich bewahrt.

Immerdar lobt es noch nach der Vorväter schönem Brauch
Seinen Gott mit Glühglut und weißem Wirbelrauch.

Immer noch blieb es, wie es vor Urzeiten war,
Blau von Auge und Sinn, hell von Herzen und Haar.

Immer noch hielt es sich am Leibe und Geiste stark,
Immer noch blieben gesund ihm Bein und Blut und Mark.

Über die Haide ging ich, die Haide so weit und breit,
Fröhliche Worte raunte ins Ohr mir die Einsamkeit.

Warum Löns „Wode" statt Wodan schreibt ist mir nicht klar.

Man muss heute und in Zukunft zunächst seinen eigenen individuellen Weg suchen, leben und spirituell praktizieren. Ob uns Hermann Löns Anregungen geben kann, muss jeder für sich entscheiden. Eine Ablehnung kann aber auch der eigenen Identitätsfindung dienen.

Das Osterfeuer ist heute zu einer Konsumveranstaltung mit archaischem Touch verkommen. Ich halte davon nichts mehr. Es wird viel zu viel in Niedersachsen verbrannt! Auf meine Kritik hat der Umweltminister abweisend reagiert, „man sehe keinen Handlungsbedarf". Spirituell sind die heutigen Osterfeuer in keiner Weise.

Das folgende Gedicht ist sicher politischer Natur. Es zeigt uns aber auch, dass die Natur der Heide Gefühle und Gedanken wecken kann. Man kann die Natur als Wesenheit empfinden und sie kann uns Botschaften vermitteln. Für den Naturmystiker ist die Heide auf jeden Fall beseelt.

Weg in der Heide

Gottfried Keller

Stein und Holzreden

Auf Lüneburger Heide,
Da steht der alte Stein,
Daneben die alte Eiche,
Sie mag wohl tausendjährig sein.

Gesellen ziehn vorüber
Im Lenz mit frischem Sang;
Sie singen von deutscher Freiheit,
In heller Luft verhallt der Klang.

Da spricht der Stein zur Eiche,
Als wacht' er auf vom Traum:
»Ging nicht vorbei die Freiheit?
Wach' auf, wach' auf, du deutscher Baum!«

Und durch des Baumes Krone,
Da fährt ein Windesbraus,
Die moosigen Äste schlagen
In tausend jungen Augen aus!

Da spricht zum alten Steine
Der frisch ergrünte Baum:
»Klang nicht das Lied der Einheit?
Wie, oder war's des Windes Traum?«

Die Sänger sind gezogen
Fernhin durchs Heidekraut.
Die Eiche hat ihnen von oben
Gar lang und traurig nachgeschaut.

Den letzten Ton in Lüften
Hat sie verhallen gehört,
Dann hat sie rauschend die Äste
Vom welken Laub im Zorn geleert.

»Nun will ich wieder schlafen,«
Spricht sie zum alten Stein,
»Du wunderlicher Träumer
Sollst mir nun einmal stille sein!«

Eiche auf trockener Heide, die schon halb abgestorben ist

Federkleid

Über die Heide, im ersten morgendlichen Schein
Ziehen die Vögel, wo mögen sie wohl morgen sein
Ich folge dem Rauschen der Schwingen in das stille Moor
Uralte Lieder dringen aus den Nebeln vor

Komm und fliege mit uns fort!
Lass den Wind dich tragen
Weit fort von diesem Ort!
Komm und flieg so hoch du kannst
Lass uns die Himmel jagen
Im Tanz!

Nebel wie Seide streifen meine Haut so kühl
Weiter und weiter, wo find ich meiner Sehnsucht Ziel
Ich schließe die Augen und mir sprießt ein Federkleid
Schon spür ich den Wind und mache meine Flügel weit

Komm und fliege mit uns fort!
Lass den Wind dich tragen
Weit fort von diesem Ort!
Komm und flieg so hoch du kannst
Lass uns die Himmel jagen
Im Tanz!

Die Himmel in dir, wie kann ich sie wissen, kann sie sehn?
Wir tanzen im Fluge wie Sterne, die ihrer Wege zieh`n.

Komm und fliege mit uns fort!
Lass den Wind dich tragen
Weit fort von diesem Ort!
Komm und flieg so hoch du kannst
Lass uns die Himmel jagen
Im Tanz!

Bei dem Lied der neu-heidnischen Gruppe FAUN geht es um eine Verwandlung, eine Metamorphose. Eine unbekannte Person beobachtet fliegende Vögel über der Heide. Sie verwandelt sich in einen Vogel und fliegt dann mit der Gruppe fort. Direkt wird die Heide nur in der ersten Zeile erwähnt, später nicht mehr.

Das im Liedtext beschriebene Gefühl kann man haben, wenn man durch die Heide wandert und ziehende Vögel beobachtet. Der Himmel über der leeren Heide wirkt bei heiterem, sonnigem Wetter weit und unendlich, vor allem dann, wenn man von einer Anhöhe aus über das Land blicken kann.

Im Gedicht von Theodor Storm geht es um die Welt-Ferne, die man auch heute noch in der Heide hier und da spüren kann.

Die Heide kann man als Landschaft für Welt-Flüchtlinge verstehen. Der deutsche Schriftsteller Arno Schmidt, der in dem kleinen Dorf Bargfeld bei Celle gelebt hatte, war so ein Welt-Flüchtling und hat in einer eigenen, individualistischen und sehr artifiziellen Literatur-Welt gelebt. Ob er die Heide so wie Theodor Storm erlebt hat, weiß ich nicht. Storm präsentiert uns eine stille und verträumte Natur. Die Zeit und die Weltgeschichte scheinen still zu stehen. Wie sehr wir das heute bräuchten, kann nicht genug betont werden.

Die Zeit, das ganze Weltgeschehen müsste einmal angehalten werden, man müsste mal wirklich innehalten, entschleunigen. Vielleicht sollte man das Gedicht so verstehen, als Entschleunigungs-Poesie.

Theodor Storm

Abseits

Es ist so still; die Heide liegt
Im warmen Mittagssonnenstrahle,
Ein rosenroter Schimmer fliegt
Um ihre alten Gräbermale;
Die Kräuter blühn; der Heideduft
Steigt in die blaue Sommerluft.

Laufkäfer hasten durchs Gesträuch
In ihren goldnen Panzerröckchen,
Die Bienen hängen Zweig um Zweig
Sich an der Edelheide Glöckchen,
Die Vögel schwirren aus dem Kraut -
Die Luft ist voller Lerchenlaut.

Ein halbverfallen niedrig Haus
Steht einsam hier und sonnbeschienen;
Der Kätner lehnt zur Tür hinaus,
Behaglich blinzelnd nach den Bienen;
Sein Junge auf dem Stein davor
Schnitzt Pfeifen sich aus Kälberrohr.

Kaum zittert durch die Mittagsruh
Ein Schlag der Dorfuhr, der entfernten;
Dem Alten fällt die Wimper zu,
Er träumt von seinen Honigernten.
- Kein Klang der aufgeregten Zeit
Drang noch in diese Einsamkeit.

Fuchs in der Heide (Aquarell, 30x40 cm)

2. Das Heilige der Heide

Winfried lief auf schmalem, hellen Weg durch die Heide.

Wie so oft war er auf der Suche nach neuen Visionen. Ein Menschenwesen wie er suchte eben danach. Er suchte nicht das Übliche wie die anderen. Er lief allein und er wollte allein laufen. Er wollte nicht reden und er musste nicht reden. Er musste über nichts mehr reden.

Winfried lief auf seinem Hellweg wie ein roter Fuchs, der auch nicht dauernd auf sich aufmerksam machte und dauernd Kommentare von sich gab oder über Dinge sprach, die mit der Heide absolut nichts zu tun hatten. Einmal war Winfried auf einem der Hügel an Leuten vorbeigegangen, das ließ sich nicht immer vermeiden, die intensiv über Smartphones sprachen, und das an einem schönen Heidesommertag!

Winfried suchte das Stille, das Verborgene, das Geheimnisvolle.

Vielleicht kennt nur ein Fuchs wirklich die Heide, dachte Winfried. Oder die neuen Wölfe, die aus dem Osten in die Heide gekommen sind. Sie wissen, wo man ungestört ist, wo kaum oder keine Menschen sind. Wo man sein kann und sein darf. Wo die Wälder abgeschieden sind, und still, sehr still und schweigsam.

Aber Winfried wusste natürlich, und sah es immer, dass überall die Holzfäller und die Jäger waren.

Am Ende seines Weges kam er zu einem Stein, den sie auf dem Hügel aufrecht aufgestellt hatten. Sie hatten den Namen in den Stein eingravieren lassen. Nun weiß jeder, wie der „Berg" heißt. Winfried spürte, dass es ein Ort der alten Geister und Götter war. Vor vielen Jahren sprach er immer von den Geistern und Göttern, später hatte er dann von vielen Namen gehört und gelesen. Jetzt mochte er die Namen immer weniger, denn sie legten alles fest und weckten bestimmte Vorstellungen, ließen nichts mehr offen.

Wie nennen wir die Götter oder Geister der Ahnen?

Winfried wusste keinen Namen.

Ihm fiel kein neuer ein. Wie fällt einem ein neues Wort ein?

Es gibt keine Religion der Heide, und so können wir nur die Frage stellen, dachte Winfried. Auf jeden Fall taugen die herkömmlichen Erklärungen nichts. Die Buddhisten, die sich neu in der Heide angesiedelt haben, sind nicht mit dem Land und der Erde verbunden. Sie träumen von Tibet und ihre Gottheiten sind tibetische Gottheiten. Bei Schneverdingen gibt es ein buddhistisches Zentrum, das er einmal vor vielen Jahren besucht hatte.

Man muss vielleicht keine Namen haben, dachte er.

Man muss eine tiefe Beziehung haben, eine Verbindung spüren.

Ein heiliger Ort der Ahnen, an dem sich Winfried befand, verlangt von uns nur die ehrfürchtige Achtung, keine Namen.

Ein Individuum hat einen Namen. Winfried hatte einen, weil er ein vom Ganzen abgespaltenes und vereinzeltes Individuum war. Er war nicht das Ganze. Er war nur ein einzelnes, kleines Ich, das wie ein Fuchs durch die Heide lief.

Als er den Stein umrundet hatte, lief er nochmals zurück, um den Weg hinauf zu der Anhöhe ein zweites Mal zu gehen. Das machte er manchmal, wenn ihm ein Wegstück besonders wichtig erschien, dann ging er nochmals zurück, um den Weg ein zweites, ein drittes, ein viertes Mal zu gehen. Eine Umrundung eines Steines oder eines Baumes wiederholte er ebenfalls.

Der Sinn von Wiederholungen besteht in der Vertiefung und der Bekräftigung. Es reicht nicht, etwas nur ein einziges Mal zu tun.

Die Hüter des Ortes waren zwei Birken hinter dem Stein und einige Wacholderbüsche. Die Bäume sind alle unterschiedliche Personen. Wenn man sie wie Menschen sieht, müssten sie alle einen Namen haben. Wenn man länger an einem Ort lebt, dann gibt man ihnen vielleicht sogar einen, und sei es nur unbewusst und eher unbestimmt.

Da die meisten Menschen nur an Menschen interessiert sind und nur Menschen als fühlende Wesen sehen, bleiben die Bäume für sie nur Objekte, die da draußen in der Heide stehen.

Die zwei Birken hinter dem Stein wirkten auf Winfried wie ein Göt-
terpaar. Sie hüteten den ganzen Kraftort.

Wodanfrigga?

Alte Namen, dachte Winfried, alte, vergangene Namen aus vergange-
nen Zeiten.

Ein Ahnenpaar. Hanno und Lucia. Sie hüten das goldene Sonnen-Tal.
Ihr Dorf heißt vielleicht Goldenstedt, weil es in einer besonders schö-
nen, lieblichen Gegend liegt. Überall gibt es solche Orte, dachte Win-
fried.

Etwas außerhalb des inneren Kreises, auf südöstlicher Seite stand ein
merkwürdiger Wacholderbusch. Er hatte einen größeren Hauptbusch,
daneben aber links und rechts einige Nebenbüsche, wie Nebenköpfe,
Nebengesichter.

Wer besucht den Ort?

Was für ein Menschenwesen kommt da den Berg hoch?

Er gibt seine Einschätzung weiter an die anderen Wesen.

Keine Sorge, Leute, ein Waldläufer kommt. Einer von uns.

Vielleicht würdigt er die nervösen Kurzbesucher keines Blickes, weil
er weiß, dass sie schnell wieder fort sind, kurz da, schnell ein Foto,
schnell wieder weg. Sie sind mit sich selbst beschäftigt, suchen keinen
Kontakt zu den Bäumen und Büschen.

Böse sind die Forstleute, weil sie immer die Frage im Kopf haben, ob
sie was absägen müssen. Wenn die auftauchen, schickt der Wacholder-
busch sein Warnsignal, wie jedes andere Lebewesen auch. Ob es ein un-
hörbarer, aber schriller Pfiff ist wie der von Murmeltieren? Man müsste
es hören, dachte Winfried. Man müsste überhaupt viel mehr hören und
sehen und riechen und spüren.

Der moderne Smartphone-Mensch verlässt sich auf seine Apps.

Hinter den beiden Baumhütern war schon gleich wieder ein einge-
zäuntes Feld. Die Bauern und ihre Macht über das Land. Ihr Besitzden-
ken, ihre Ansprüche. Privatgelände. Solche Schilder hatte er vorhin
mehrfach gesehen. Privatgelände. Der Abgrenzungsmensch stellt seine
Schilder auf.

Winfried lief weiter in nördliche Richtung und gelangte immer mehr in ein dunkles, seltsames Waldstück mit großen, alten Wacholderbüschen.

Das Geheimnis wird immer das Geheimnis bleiben, dachte er.

Das Dunkle, das Mystische will nicht ans Licht gezerrt werden.

Man muss es in Ruhe lassen, das ist der richtige Weg.

Leute wollen immer irgendeinen Begriff haben, irgendwas Abstraktes, irgendeine Formel. Aber der versteckte Hügel, zu dem er gelangte, und der von Kiefern und Eichen überschattet wurde, ist aber etwas Echtes und Wahres. Er ist konkret vorhanden, sichtbar und spürbar. Und gleichzeitig sehr geheimnisvoll.

Ein sakraler Raum der Natur, dachte er, obgleich er das Wort „sakral" auch nicht mehr schätzte. Wie mochten seine Ahnen das genannt haben? Heilec, hailag. Ein Haila-Ort. Haila-Hügel.

Hieß sie Haila oder Haida?

Er spürte ihre Anwesenheit auf dem ganzen Hügel. Nur mit der Sprache tat er sich schwer?

Mittelhochdeutsch, Althochdeutsch, Plattdeutsch, Urgermanisch – was war richtig?

Heilaga, heilagaz.

Das gefiel ihm: heilagaz.

ꜰⱨeilagaz

(Anmerkung des Autors: Ich schreibe meine Texte in Times New Roman, oben das Wort heilagaz in Tannenberg fett. Es gibt sehr viele Schriftarten (Fonts). Alle drücken etwas anderes aus, einen anderen Geist.)

Wie schreibt man ein Wort, welches Schrift-Bild hat man im Kopf, wenn man ein Wort hört?, fragte sich Winfried. Wie hätten es die Ur-Germanen geschrieben?

Am Ende bleiben alles nur Annäherungsversuche, dachte Winfried.

Ich müsste hier viel länger sein. Meine Besuche sind auch zu kurz. Manche der Steine liegen hier vielleicht schon hundert und mehr Jahre, die Bäume wachsen und leben hier seit Jahrzehnten. Seit mehr als 80 Jahren herrschen hier Ruhe und Abgeschiedenheit, auch wenn am Wochenende oder an schönen Tagen Besuchergruppen hier vorbeischauen dürften. Nervöse Horden. Auf der Suche nach einer unbestimmten Erfahrung, die sie jedoch durch die permanenten Gespräche über dies und das redend verhindern. Wer bleibt hier in Stille sitzen? Wer meditiert hier?

Und wenn ja, worüber? Was ist das Thema? Oder geht es nur um reine Aufmerksamkeit, reine Anwesenheit, bloßes Atmen unter alten Kiefern?

Ein dunkles Eichhörnchen huschte über den Erdboden an ihm vorbei. Du lebst hier, sagte Winfried, dies ist dein Revier. Ich bin und bleibe nur ein einzelner Besucher am frühen Morgen.

Winfrieds Weg führte ihn vorbei an einigen besonderen Kiefern zu einem anderen Hügel. Dort lag ein Findling mit einem Zeichen drauf, das er zwar kannte, aber dessen genaue Bedeutung ihm unklar war.

„Die Kraft des Jägers,“ sagte eine Stimme hinter ihm.

„Die Kraft des Jägers?“ Winfried hatte sich umgedreht und sah einen älteren Mann auf einer Bank sitzen. Er mochte zehn oder mehr Jahre älter als er sein. Als er auf den Hügel gestiegen war, hatte er ihn nicht gesehen. War er überhaupt schon dort gewesen?

„Genau, Winfried,“ sagte der Mann. „Es ist die Intelligenz und Kraft des Fuchses und des Wolfes. Heute brauchen die Menschen das nicht mehr. Sie haben eine andere Kraft angezapft, eine sehr dunkle.“

„Woher kennen sie meinen Namen?“

„Ich sehe es, außerdem kenne ich dich schon sehr lange. Schau mir an, was du so machst, wohin dich die Wege führen.“

Winfried war überrascht, aber auch wieder nicht. Jetzt fiel ihm der seltsame Hut und das merkwürdige Auge, das er nicht richtig erkennen konnte, auf. Seine Augenbrauen waren wild und wuchsen sehr üppig, ebenso sein langer Bart. Seine Kleidung war unzeitgemäß. Aber aus welcher Zeit war sie?

„Es gibt gute, und es gibt böse Intelligenz," fuhr der Mann fort, „es kommt darauf an, wofür man sie einsetzt, für sich oder seinen Stamm, für das Nur-Eigene, oder für das Heil der Mutter."

„So ist es," sagte Winfried. Er drehte sich zurück zu dem Stein und schaute noch einmal auf die Petroglyphe. Als er sich wieder zu dem Mann gedreht hatte, war dieser verschwunden.

„Hallo, hallo, wo sind sie?"

Aber es kam keine Antwort. Er blieb verschwunden.

Man kann alles missverstehen und missbrauchen, dachte Winfried. Sie haben alles missbraucht, die Menschen. Die ganze Erde. Ihre Werkzeuge, die sie entwickelt haben, sind Werkzeuge des großen Missbrauchs. Die Motorsäge haben sie dafür missbraucht, unendliche Wälder zu vernichten. Dies kleine, parkähnliche Gebiet ist nur eine kleine Insel, die sie übrig gelassen haben.

Von hier könnten heilende Impulse ausgehen. Nur, Wahnsinnige kann man nicht erreichen. Sie müssen, früher oder später, aussterben. Die Natur muss und wird sie ausschalten.

Als Winfried auf einem anderen Hügel der Heide ein Ritual für die Bäume und die ganze Vegetation unter einer Fichte machte, sah er, dass der Alte auf einer Bank saß und ihn beobachtete. Er schmunzelte.

„Wieder da," sagte Winfried und nickte ihm zu.

„Ich war nie fort. Ob sichtbar oder unsichtbar ist für mich nicht wichtig."

„Für mich schon. Jetzt bin ich da, bald bin ich fort. Das ist der Lauf von uns Irdischen. Jetzt habe ich einen Körper, kann hier herumlaufen. Eines Tages bin ich fort und kann nicht mehr herumlaufen."

„Aber sausen wie der Wind," lachte der Alte. „Warte es ab! Ob man im Steine ruht oder mit dem Winde weht, in der Anderswelt ist das nicht so wichtig. Wandel ist immer möglich. Metamorphosen sind immer denkbar und machbar, sollten sie wichtig oder notwendig sein."

„Und jetzt und heute?"

„Schaust du gewissermaßen nach dem Rechten. Nach dem Richtigen. Achtest die alten Geister, gibst ihnen Achtung und Respekt. Bereitest eine neue, kommende Zeit vor, in der Bäume wieder Bäume sein dürfen, und Menschen Menschen."

„Sind sie das nicht?"

„Nein. Weißt du doch. Sie sind getriebene Sklaven, vorwärts gepeitscht von der dunklen Macht."

„Wann ändert sich das?"

„Bald. Es dauert nicht mehr lange."

Winfried blickte in das geduldige und stille Gesicht des alten Mannes. Er legte einen Stein in das morsche Innere eines sehr alten Baumstumpfes. Als er wieder hochschaute, war der Mann verschwunden. War ja klar, dass er wieder fort ist, dachte Winfried. Ach, was rede ich, er ist nur im Moment nicht mehr sichtbar.

Er setzte sich selbst auf die halbrunde Bank und schaute in den leuchtenden Osten. Von der Anhöhe hatte Winfried einen sehr weiten Blick in den Osten. Aus dem Osten kommt das Feuer einer neuen Sonne, dachte er. Eine, die es bisher nicht gegeben hat. Für eine neue Zeit braucht es eine andere Sonne.

Immer denken viele, das sich die alten Sachen wiederholen werden. Nein, für Winfried musste es ganz anders werden.

Das Heilige der Natur müsste im Zentrum stehen. Nicht das Geld, nicht die Macht, nicht das Militär, nicht die Technik, nicht der Profit, kein Prophet Jesaja, kein Buddha, kein Jesus. Einfach nur das Heilige der Natur.

Hier an diesem Platz ist es die Fichte. Oft sind es mehrere Bäume, nicht nur einer. Es ist der Lebensraum, die Lebensgemeinschaft.

„Gut, du denkst wie ich!" Winfried hörte die Stimme des alten Mannes, die oben in der Eiche war. Die Eiche hatte zwar einen großen Ast vor einiger Zeit verloren, aber sie war immer noch stark.

Lebensräume. Das haben inzwischen auch die Naturschützer verstanden, dass man nicht eine einzelne Tier- oder Pflanzenart schützen muss, sondern ganze Lebensräume. Also, was die Heide betrifft, gleich die *ganze Heide. Aber die Besitzdenker wollen es nicht. Jeder will sein Ding machen, ob das Militär oder die Logistiker, die Bauern oder irgendeine Firma.*

Da er müde war, legte er sich auf die Bank.

Eine Frau in einem langen, weißen Kleid kam den schmalen Heideweg herauf zu ihm. Sie war von einer reinen, nordischen Schönheit, ihr helles Haar leuchtete in der Sonne. Sie lächelte und kam auf ihn zu.

Offensichtlich wollte sie zu ihm, der auf der Bank lag. Er setzte sich auf und schaute sie an.

Sie sah anders aus als die Frauen seiner Zeit. Ganz anders. Reiner, echter, unverdorbener.

Sie setzte sich neben ihn auf die Bank, nahm seine Hand in die ihre, sagte aber nichts. Sie musste nichts sagen, denn sie übertrug alles direkt, ohne Wörter. Er verstand sie sofort.

Nach einiger Zeit stand sie wieder auf, legte ihre Hände für einen Moment auf seinen Kopf und entfernte sich in nördliche Richtung zwischen den großen Kiefern, die dort standen.

Als Winfried erwachte, hatte er das starke Bild von der Frau im weißen Kleid im Kopf. Vielleicht würde er das malen.

Weiße Göttin der Heide

87

Immer wenn Winfried zu dem Weltenberg der Heide ging, kam er an einer dunklen Ecke vorbei. Dort war alles mit Bäumen bewachsen und in einer Senke befand sich ein mooriger Teich, ein schwarzes Loch. Sein Weg führte ihn immer an dieser Stelle vorbei.

Man darf es nicht vergessen, es gibt auch die dunkle Seite, nicht nur die helle oben auf einem Berg oder auch auf den sandgelben Wegen, die einem wie Lichtwege erscheinen können.

Aber das Dunkle muss sein, denn es hält die Welt zusammen. Zu einer weißen Göttin gehört immer eine schwarze. Sie bedingen einander. Zum Leben gehört immer der Tod, zum Wachsen immer das Vergehen.

Nur der Mensch ist wie ein dummer Baum, der unbedingt in den Himmel wachsen will. Wie eine Kindergeschichte, dachte Winfried. Die Geschichte vom dummen Baum, der unbedingt in den Himmel wachsen wollte. Die Birken, die Kiefern, die Wacholder und selbst die Eiche schüttelten nur den Kopf.

Die germanische Göttin Hel war für Winfried keine böse Göttin, sondern im Gegenteil, die Hüterin der anderen Welt, ohne die es kein vollkommenes System geben konnte. Gestorbene Bäume, deren Skelette noch in der Landschaft standen, die grauen Äste eines Wacholderbusches, die auf dem Gras oder dem Heidekraut im Licht der Sonne trockneten, sie waren Teil des ganzen Kreises. Ein dunkler, überschatteter Heidesee war ebenfalls nur ein Teil, ein Gegenstück zu einer hellen Kuppe eines Hügels, von dem man über das Land schauen konnte.

Goldmarie und Pechmarie fielen ihm ein. Aber es ging für Winfried nicht um Moral, nicht um gutes, richtiges Verhalten, sondern um existierende Naturphänomene. Außerdem waren für ihn die Namen eine Anpassung an christliche Vorstellungen, also nicht das Ursprüngliche, Echte, das er wollte und suchte.

Welche Namen hatten die Heidebewohner für das Helle und das Dunkle, wenn sie es in der Natur, bei unterschiedlichen Frauen, bei Urkräften etc. erkannten? Ob Tag oder Nacht, ob Leben oder Tod, es sind und bleiben immer die Ur-Gegensätze des Daseins, dachte Winfried.

Sah die Göttin Hel ganz anders aus als die weiße Göttin?

Vielleicht hatte sie nur die Farbe verloren.

Weiße Göttin ohne Farbe = Hel?

Die Bäume verlieren die Blätter, die Nadeln. Schließlich sehen wir ein graues Skelett in der Landschaft stehen. Vor Jahren stand noch das Skelett einer Kiefer auf einem seiner Hügel. Eines Tages wurde es vom Sturm umgeweht. Da Winfried nicht in der Heide wohnte, wusste er nicht wann. Heute liegen noch der Stamm und Äste zwischen dem Heidekraut. Ist das ein hässliches Gesicht? Stößt uns das ab, wie vielleicht ein uraltes verrostetes Auto in der Landschaft oder eine Bauruine?

Nein, dachte Winfried. Es stößt mich nicht ab. Ich finde es nicht hässlich. Die tote Kiefer hat immer noch etwas Stolz und Würde, auch wenn die Zeit ihrer Blütentage lange vorbei ist.

Da alle Dinge zusammenhängen, gibt es nicht die totalen Gegensätze, von denen Moralisten immer sprechen, das Gute, das total gut sein soll, und das Böse, das absolut, abgrundtief böse ist. Das ist der Denkschematismus der Menschen, dachte Winfried.

Am schwarzen Loch des Heidesees war er immer vorbeigegangen, obgleich er vor Jahren einige Fotos gemacht hatte, denn es hatte ihn immer zu dem Weltenberg der Heide gezogen. Luft, Himmel, Licht und Weite waren und sind immer seine Themen. Aber die Heide ist eben nicht nur das. Es gibt die dunklen Löcher. Es gibt auch dunkle Wälder. Nicht zu vergessen die Spielplätze des Militärs rund um Munster. Zig Quadratkilometer! Riesige, abgesperrte Gebiete!

Eine weiße Göttin kann ich mir auf einem Fahrrad vorstellen, dachte Winfried, eine Hel in einem Panzerfahrzeug, vielleicht in einem wendigen Wiesel von RHEINMETALL, die mitten in der Heide ihre Firma haben. Eine weiße Göttin ist wie diese hübschen, blonden Frauen in den Herz-Schmerz-Schmalz-Filmen des ZDF, die durch schöne Landschaften mit einem roten Fahrrad radeln. Am besten in Schweden, weil dort immer die Sonne scheint und weil dort die heile Bullerbü-Welt zuhause ist. Die Heide ist für viele Deutsche wohl langweilig und öde geworden. Wacholder und Hermann Löns, das war einmal. Fürs Träumen eignen sich ferne Länder, die die meisten nie sehen werden, besser.

Die Realität ist schön, dachte Winfried, selbst wenn es nur ein kilometerweiter Kiefernwald ist.

Zur großen Schönheit gehören alle Elementen. Die helle und die dunkle Heide, die helle und die dunkle Göttin. Die Schönheit ist die Harmonie und Ausgewogenheit der Gegensätze. Das Hässliche ist immer das Extreme und Einseitige, dachte Winfried.

Nicht nur die junge Birke im Sonnenlicht des Frühlings ist schön, nicht nur die summende Biene, sondern auch der schwarzglänzende Mistkäfer und der von Winden gebrochene Wacholderbusch, dessen Zeit abgelaufen ist.

„Das unterscheidet mich von den anderen Typen aus dem Osten," sagte der alte Mann, der plötzlich auf einem der größeren Steine saß.

„Ach," sagte Winfried. „Wieder da!"

„Viele sehen nur die Schönheit des stattlichen Wacholder dort drüben, neben dem Weg. Sechs Meter ist er hoch. Aber dieser dort, mehrfach gebrochen, vom Wind, vom Alter, von der Zeit, ist er nicht ebenso schön?"

„In der Tat! Der große ragt wie ein Phallus in den blauen Heidehimmel. Eine perfekte Form. Gärtner wären begeistert. Den anderen würden sie nur als „kaputt" ansehen, und logischerweise abhauen, denn den „Verfall" wollen sie in ihrem perfekten Garten nicht haben," sagte Winfried.

„So ist es. Ich muss dir nichts sagen," lachte der alte Mann. „Grüß mir meine Bäume auf dem Berg."

„Mach ich."

Als der alte Mann verschwunden war, setzte Winfried seinen Weg fort zum Weltenberg der Heide. Der Weg verlief über sanft geschwungene Hügel. Er kam an einigen Eichen vorbei, die bemerkenswerte Wesen waren, aber keine imposanten. Sie waren noch nicht so alt.

Oben auf dem Weltenberg stand auf der Westseite eine magische Buche. Kein sehr hoher Baum. Aber sie hatte einen starken Stamm und schien sehr gut mit dem Boden verwurzelt zu sein. Viele Zeichen konnte man auf dem Stamm und der Rinde erkennen. Kein abstraktes, mathematisches System natürlich. Keine bekannten menschlichen Zeichen und Symbole, sondern Zeichen der Zeit, des langen Wachstums und Werdens. Auch Zeichen der Wunden, weil jedes Lebewesen seine Wunden erfährt.

Stamm einer alten Buche, Stock ca. 1 Meter lang

Winfried legte seine rechte Hand auf die Rinde der Buche und über-mittelte den Gruß. Später wiederholte er es bei anderen Bäumen.

Der Baum ist die Mitte. Der Baum ist der Hüter des Berges.

Die weibliche Buche strebte hier nicht so sehr in den Himmel, son-dern die Verwurzelung und die Kraft der Erde waren wichtig.

Leute wollen immer wissen, wo der Weltenberg ist, wie er heißt. Oder den Namen des alten Mannes wollen sie hören, anstatt sich selbst zu fragen.

Die alten Deutungen taugen nicht mehr für die kommenden Zeiten, dachte Winfried, wir müssen neue finden. Die Leute, die immer mit ur-alten Texten kommen und diese als Beweis ihres angeblichen Wissens, ihrer nur angelesenen und behaupteten Wahrheit nehmen, gingen ihm auf die Nerven. Sie wollen alles in ihre bekannten Schubladen pressen.

Die Rinde studieren, den Stamm, die gebogenen Äste, auf eigene Ge-fühle achten. Was fühle ich? Was spüre ich? Welches intensive Gefühl habe ich?

Kann ich Linien erkennen?

Augen?

Gesichter?

Zeichen?

Das Bild der Äste und der Rinde erinnerte Winfried an die symboli-schen Bemalungen von Schamanentrommeln. Die oft elementaren Zeichnungen auf den Trommeln sind klar zu erkennen. Auf der Rinde ei-nes alten Baumes – oder eines Steines – ist es oft nicht so klar. Es hängt auch davon ab, ob man überhaupt etwas erkennen will oder ob man et-was sucht, z.B. ein Auge oder eine herzförmige Form. Die Natur lässt uns die Freiheit der Deutung, und das ist gut so. Es gibt keinen notwen-digen Zwang einer Deutung.

Exkurs zu Schamanentrommeln.

Mihaly Hoppal beschreibt in seinem Werk: „Das Buch der Schamanen, Europa und Asien" die Schamanentrommel und präsentiert viele symbolische Zeichen und Zeichnungen.

„Die Trommeln sind an der Außen- und an der Innenseite mit Zeichnungen geschmückt. Es sind keine bloßen Verzierungen, sondern bedeutungsvolle Zeichen, die das <u>Weltbild</u> veranschaulichen. Die wichtigsten Zeichen symbolisieren die Sonne, den Mond und den <u>Weltenbaum</u>, mit dem die Mitte der Welt angegeben wird. Das geht ganz eindeutig daraus hervor, daß auch die Trommeln weit voneinander entfernt lebender Völker alle <u>in der Mitte kreuzförmige Zeichnungen aufweisen, die den Ausgangspunkt der rituellen ekstatischen Reise markieren.</u> Das ist der Punkt, von dem aus der Schamane seine Reise in den Himmel antreten kann. Die Trommel bietet ihm die Möglichkeit, sich in den Himmel zu erheben (oder in die Unterwelt hinabzusteigen). (Hoppal, S.119; m.U.)

Jeder Schamane hat, da er ein individuelles spirituelles Weltbild vertritt, seine persönlichen Deutungen und Assoziationen. Man muss das immer wieder betonen, weil manche immer dahin tendieren, ein angeblich „objektives" System zu propagieren und das dann zu „verkaufen". Aus meiner Sicht zwei fundamentale Kardinalfehler.

Wenn wir den Weltenbaum nehmen, dann kann er damit einen ganz bestimmten Baum verbinden, zu dem er eine Beziehung hat und der an einer konkreten Stelle in der Welt steht. Aus einer einfachen Zeichnung kann man das logischerweise nicht erschließen.

Der Weltenberg hatte mehrere Seiten. Allein die verschiedenen Seiten zu studieren, verlangte Zeit und Muße. Man sollte sich in einen Blick versenken. Es nicht technisch fotografieren, sondern seelisch. Wer ein Seelenfoto macht, hat mehr von der Welt.

Auf dem Weltenberg lagen ein paar größere Findlinge, die man teilweise mit Aufschriften verunstaltet hatte. Warum tun sie das immer?, fragte sich Winfried. Ihn interessierte nicht irgendeine Person der Vergangenheit, egal um wen es sich dabei handeln mochte.

Jetzt und heute war er hier.

An einem bestimmten Tag zu einer bestimmten Stunde ist jeder Besucher einzigartig, und hat seine Sicht und seine Empfindungen. Er muss über nichts informiert werden. Wenn es ihn interessieren sollte, kann er heute alles im Internet finden.

Der Weltenberg ist wie der Weltenbaum der Mittelpunkt eines Netzes. Er ist immer verbunden mit anderen Bergen und Hügeln. Wir können das wahrnehmen, oder halt auch nicht. Zumindest spürt jeder, dass er sich an einem besonderen Ort der Kraft befindet.

Winfried setze seine Wanderung durch die Heide fort.

Auf den Bergen kann man nicht leben, dachte er.

Eigentlich versteht sich das von selbst. Der Berg, der Gipfel, die Anhöhe, dort ist man immer nur auf dem Weg von einem zu einem anderen Ort. Man geht auf einen Berg, um zu beten, zum Großen Geist, oder um eine Vision für das Leben zu finden, wie es die Indianer machen.

Das Leben ist im Tal zuhause. Das Leben ist immer bei der MUTTER. Da können die Patriarchen reden, was sie wollen. Es gibt sie nicht nur in den bekannten Männerreligionen, dachte Winfried. Es gibt sie leider überall auf der Erde, als wenn sich da alle Kerle einig waren, schimpfte er.

Wer die Natur und die Erde ins Zentrum seines Denkens und seiner Weltanschauung stellt, hat eine andere Perspektive. Kein Gebäude steht im Herzen des Dorfes, sondern ein Baum. Eine Linde, eine Eiche, eine Buche. Kein Gebäude kann das Leben repräsentieren, das kann nur ein Baum.

Winfried stand vor einer mächtigen Eiche in einem Heidetal und betrachtete den Baum. Die Stärke und Kraft der Eiche ist die Stärke und Kraft des Lebens, der Erdverbundenheit und der Liebe zur Natur.

Mehr braucht es nicht, dachte Winfried.

Die heilige Eiche ist der Mittelpunkt.

Vor der großen Eiche lagen einige Findlinge.

Auf einen der Steine legte Winfried eine Bussardfeder. Leise trommelnd umrundete er mehrmals den Baum. Da in etwa hundert Metern ein Wanderweg vorbeiführte, musste er leise und auch vorsichtig sein. Aber unter der Eiche würde ihn keiner sehen, denn die Äste ragten weit herunter und verdeckten ihn teilweise.

In einem einfachen, archaischen, mantra-artigen Gesang beschwor er die Harmonie und Schönheit der Welt. Das müssten politische Kategorien sein, wie das GLÜCK im Himalayastaat Bhutan, dachte Winfried. Gewinne sind ein krankes Ziel, wie Eroberung und Ausbeutung. Das Wahre sind Harmonie und Schönheit. Das harmonische Gleichgewicht in der Natur.

Eine Eiche kann sich nur groß und stark entfalten, wenn sie Jahrhunderte von gleichbleibenden Zeiten hat. Das gilt auch für alles andere, dachte Winfried. Eine nervöse und unruhige Zeit ist immer dem Untergang geweiht. Sie muss untergehen, damit wieder Harmonie und Schönheit sein können. Und so beschwor er indirekt auch den Untergang der Zivilisation, die er in seinem Leben leider ertragen musste. Darin sah er seine Aufgabe.

Das hohe Ziel waren und blieben Harmonie und Schönheit!

Wir brauchen nichts Neues, nichts Anderes, dachte Winfried.

Harmonie und Schönheit!

3. Die Verwandlung 2.0

Als er unter der Fichte erwachte, war alles anders. Er sog die frische Morgenluft ein und roch viel, viel mehr als bisher. Er hörte auch mehr und feiner als in seinem bisherigen Leben. Sein Körpergefühl war ein anderes. Er spürte sein Fell. Er sah seine Pfoten vor sich liegen auf den Fichtennadeln.

Was war geschehen?

Er war stundenlang durch den Heidewald gelaufen, war schrecklich müde geworden und unter einer Fichte eingeschlafen. Irgendwie war er krank, oder sein Leben war krank, seine Zeit, einfach alles. Nur in der Flucht sah er noch einen Sinn. In der Flucht in den Wald.

Er erinnerte sich an das Menschenwissen von Metamorphosen und Kafkas Verwandlung. Aber jetzt war er kein Mensch mehr, brauchte kein Menschenwissen, sondern das Wissen der grau-braunen Waldjäger, zu denen er jetzt gehörte.

Da er allein war, musste er andere finden, denen er sich anschließen konnte. Oder sollte er allein durch die Wälder streifen, immer auf der endlosen Suche nach verborgenen Winkeln und Schlupflöchern in der von den Menschen eingezäunten Welt? Konnte er alleine jagen? Kleine Tiere würden sicher zu fangen sein, aber größere?

Er stand auf und blickte sich um. Ein Mensch blickt zu sehr auf die Erde hinab, dachte er. Sein Kopf ist so weit von der Erde entfernt, oft weit über einen Meter. Sein neuer Kopf war der Erde viel näher, und er roch jetzt auch viel mehr. Hatte er früher überhaupt etwas gerochen? Jetzt tat sich ihm eine neue Welt auf.

Der Unterschied zwischen den unbewegten und den bewegten Dingen wurde ihm schlagartig viel deutlicher. Auch das Hören reichte weiter in den Wald hinein als vorher. Vorher war sein Menschenkopf geschlossen gewesen, und er hatte nur durch die Augen in die Welt gesehen, vor allem hinunter auf die Erde oder hinauf in den Himmel.

Jetzt sah er intensiv und ganz wach in den Wald hinein. Er würde Menschen riechen, sehen und hören, bevor sie ihn wahrnehmen konn-

ten, das spürte er instinktiv. Er würde den Gefahren ausweichen, weil er es musste, um zu überleben.

Nachdem er länger in nördliche Richtung gelaufen war, stieß er auf eine kleine Gruppe, die von seiner Art waren. Offensichtlich waren sie reduziert worden. Sie wirkten traurig. Es waren nur noch drei.

Vorsichtig näherte er sich ihnen. Sie ließen es zu. Machten keine aggressiven Zeichen der Abwehr. Er wollte wissen, wer sie waren. Sie wollten wissen, wer er war. Durch stille Kommunikation tauschten sie ihre Geschichten aus. Man erspürte den bisherigen Weg des anderen. Das war seltsam leichter und direkter als das mühsame Erklären mit Wörtern, dachte er. Man wusste es sofort. Man wusste es einfach. Es war gleich da, das neue Wissen.

Die Gruppe hatte gemeinsam gejagt, war aber auf olivgrüne Zweibeiner gestoßen, die das Feuer auf ihre Gruppe eröffnet hatten. Nur drei von ihnen konnten sich retten, die anderen starben an den Geschossen. Sie wussten von den olivgrünen Leuten, hatten sich immer in Acht genommen. Aber dieses Mal war es schief gegangen. Irgendwas mussten sie übersehen haben. Oder die olivgrünen Leute waren gerissener, hinterhältiger. Ihre Mordlust hatten sie wohl unterschätzt, obgleich sie wussten, dass sie nicht wegen der Nahrung jagten, sondern aus purer Lust am Töten. Besonders ihre Art, die wollten sie nur töten und töten.

Die Waldträumer in den Städten waren auf ihrer Seite, aber nicht die olivgrünen Leute, die überall ihre Holztürme im Wald hatten.

Ein Jäger mehr war besser. So waren sie vier, konnten besser die kommenden Jungen des Paares schützen und durchbringen. So war er schneller integriert als gedacht. Vielleicht spürten sie eine uralte Verwandtschaft. Wenn man den gleichen Geist hat und riecht, dann muss man nicht mehr diskutieren. Die Menschenwesen diskutieren zu viel herum, dachte er. Ihr endloser Affenstreit hatte ihn so angewidert. Immer war einer dagegen, nie gab es harmonische Einheit.

Ok, du passt, es passt, wir bleiben zusammen. Schnell und einfach war es gegangen. Gemeinsam liefen sie in östliche Richtung, wo das Paar sein Versteck hatte.

Spirituelles

1. Die „Götter" der Heide

Wer sind die Götter der Heide?

Es gibt keine schnelle und klare Antwort auf diese Frage, denn die alten Götter der Germanen können wir nicht einfach übernehmen und reaktivieren. Die Zeit der Germanen ist lange vorbei.

Das Christentum passt definitiv nicht zur Heide. Allein die Kirchengebäude kommen mir aufgesetzt vor. Eine Religion, die aus der Wüste kommt, hat in der Heide auch nichts zu suchen, denn sie hat keinen Bezug zur Landschaft. Das gilt ebenfalls für den Buddhismus oder den Islam, den neuere Einwanderer mitgebracht haben.

Der allgemeine und abstrakte Weg ist nicht der Weg der Heide, denn die Heide ist immer konkret, immer real. Es geht nicht um die schöne Natur im Allgemeinen, sondern um die konkreten Besonderheiten der Heide. Davon muss man ausgehen.

Wer nicht von den konkreten Besonderheiten der Heide ausgehen möchte, der soll in der Stadt bleiben, dort dem allgemein Göttlichen oder dem Menschlichen, Humanen huldigen. Das kann man machen, aber es bleibt eben abgehoben und ist nicht erd-verbunden. Heideverbunden. Die Geister und Götter der Heide sind heideverbunden. Eigentlich ist das eine Tautologie, aber sie soll bewusst machen, worauf es ankommt, eben auf die tiefe Erd-verbundenheit.

Naturvölker haben immer die Besonderheiten ihres Lebensraums, ihrer Landschaft betont. Das gilt für jede Region der Welt. Es gilt sogar für das Christentum, das eigentlich jüdisch ist und auch sein will, weil es in der Landschaft dort seine Wurzeln sieht. Jesus und Orte im Norden Israels, der See Genezareth, der Berg Tabor, der Jordan etc. Das ist in Ordnung. Es ist nur nicht unsere Landschaft, es ist nicht unsere Heimat und Herkunft.

Wir sind schon lange kein Naturvolk mehr. Dennoch, in der Tiefe unserer Seelen ist das verborgen. Wer aus einem Heidegebiet stammt oder wer sich ihr intensiv widmet, kann das spüren. Das Spüren oder Hineinspüren scheint mir erst einmal ein wichtiger Ausgangspunkt zu sein. Am Ende des Weges könnten dann neue Götter stehen. „Neue" deshalb, weil sie auf Erfahrungen basieren, auf Leben, weil sie in der Landschaft der Heide ihre Wurzeln haben.

Wenn man durch die Heide läuft und auf den Boden schaut, auf den sandigen Weg, auf die kleinen Steine, auf Feuersteine oder kleine Granitsteine, dann kann man seine Verbundenheit mit der Erde spüren. Heidewege sind anders als Wege im Harz, Marschboden am Meer oder Kalkböden wie im Elm.

Vor vielen Jahren habe ich mich viel mit Tibet, dem tibetischen Buddhismus und den Tibetern und ihrer Kultur beschäftigt, bis ich für mich zu dem Schluss gekommen war, dass es sich nicht um meine Kultur handelt, sondern eben um die der Tibeter. Ich achte und schätze sie aber immer noch. Deren Kultur, ob Bön oder Buddhismus, ist intensiv mit der Landschaft verbunden. Das interessiert China heute nicht, weil es vor allem auf wirtschaftliche und militärische Vorteile setzt. Der Gegensatz könnte nicht größer sein. Für China ist Tibet ein Rohstofflager oder eine militärische Basis auf dem Dach der Welt, für Buddhisten, Anhänger des Bön und allgemein für die Nomaden des tibetischen Hochlandes ist ihr Land heiliges Land, das weder ausgebeutet, umgestaltet oder besudelt werden darf.

Der Sinn der Beschäftigung mit einer anderen Kultur, in diesem Fall der tibetischen, besteht darin, das kennen zu lernen, was man selbst im Laufe der Geschichte verloren hat. Er besteht nicht darin, sich eine neue Identität zuzulegen. Manche Buddhisten aus Deutschland meinten das, oder meinen es immer noch, aber das funktioniert aus tiefenpsychologischen Gründen leider nicht.

Zurück zur Heide. Mein „heiliges Land" ist die Heide. Verwendet man in Deutschland den Ausdruck des „heiligen Landes", denken viele sofort an Israel. Das zeigt, wie entfremdet wir sind. Unser „heiliges Land" sollte hier sein, z.B. die Heide oder das blaue Land in Oberbayern. Also, noch einmal, mein „heiliges Land" ist die Heide!

Oben habe ich bereits den Boden erwähnt, den Heideboden. Wer einen Garten hat, macht sich Gedanken über seinen Boden und eine eventuelle Verbesserung des Bodens. Die meisten Menschen machen sich heute nicht viele Gedanken über den Boden, vor allem dann wohl nicht, wenn sie in der Stadt wohnen. Der Ausgangspunkt von jedem Wachstum ist aber der Boden. Das gilt natürlich für Pflanzen, und es gilt auch für geistiges und seelisches Wachstum. Spiritualität ist wie eine Pflanze, die einen Boden braucht. Das mag ein neuer Gedanke und Ansatz sein. Mir jedenfalls geht es um einen **Neustart**, denn alte Geschichten sind nicht unsere Geschichten und sie tragen uns nicht in die Zukunft, auch wenn mancher meint, seine uralten Geschichten aus dem Morgenland wären auch noch inspirierende Geschichten für die kommenden tausend Jahre. Nein, das sind sie nicht!

Die Edda ist für mich ebenfalls kein Maßstab. Das war einmal, damit kann man sich befassen, in Ordnung, aber sie bietet kein Modell für die Zukunft mehr. Welcher Autor auch immer sich in den letzten hundert Jahre damit beschäftigt hat, er hat, aus meiner Sicht, kein tragfähiges spirituelles Lebens-Modell hinterlassen.

Also zurück zum Boden. Zur Erde der Heide. Widme dich dem Boden der Heide. Spüre ihn, fühle ihn, rieche ihn. Schau, was er dir zu sagen hat, sei offen und bereit für neue Gedanken.

Laufe über den Heideboden und warte geduldig auf eine entstehende Verbindung. Wenn man dort wohnt, ist es sicher leichter, als wenn man nur zu Besuch ist. Wenn sich eine neue Verbindung und Verbundenheit aufbauen soll, dann dauert das.

Seit 26 Jahren laufe ich über den von mir so genannten *Vision Hill* in der Nähe meines Dorfes. Ich kann nicht mehr sagen, wie lange es bis zu einer Erdverbundenheit gedauert hat. Es dauerte aber Jahre. Mit Schnelligkeit ist nichts gewonnen, wird nichts zu gewinnen sein.

Mit Geschwindigkeit gewinnt man nur den Tod und die Zerstörung. Kürzlich betrachtete ich in der Heide einen jungen kleinen Eichenbaum, nur 25 cm hoch. Wie lange dauert es, bis daraus eine große Eiche geworden ist? Wird aus ihr eine große Eiche, oder bricht die Entwicklung irgendwann einmal ab?

„Himmel und Erde" sagt man in Deutschland. Die Reihenfolge ist symptomatisch. Man sagt nicht „Erde und Himmel". Es ist klar, woher die Reihenfolge kommt. Würde man vom Boden ausgehen, dann würde man „Erde und Himmel" sagen, denn erst kommt die Erde und danach der Himmel.

Erde und Himmel werden immer die zwei Pole einer Naturspiritualität bleiben, solange der Mensch auf diesem Planeten lebt. Die Erde ist die Basis, der Anfang, der Himmel hingehen ist das Ergebnis oder das Ende. Man kann die Pole personifizieren, sie einem Geschlecht zuordnen, ihnen einen Namen geben. Es stellt sich heute jedoch die Frage, ob wir das noch müssen und ob das überhaupt sinnvoll ist? Entfernen wir uns damit nicht bereits von der Natur, wenn wir mit menschlichen Vorstellungen und Namen kommen?

Erde und Himmel, Erde der Heide und Himmel der Heide – vielleicht sollte uns das genügen.

Was denkt die Eiche? Sie hat ihren Ort, ihren Platz, ihren Boden. Das muss ihr genügen. Sie will und möchte hinaufwachsen in den Himmel, wohl wissend, dass sie niemals die Sonne erreichen wird. Dennoch, sie strebt hinauf. Mit ihrem Stamm und ihrem ganzen Sein verbindet sie Erde und Himmel miteinander. Die Eiche und allgemein jeder große, hohe Baum bildet traditionell gesehen eine **Weltachse**. Heute müsste man den ganzen Baum, also auch seine Wurzeln und alle Äste, als Bild der Entfaltung und Vielfalt sehen.

Das ist einfaches Sein. Manchem mag das zu wenig sein. Wer Sensationen sucht, der suche sich ein anderes Thema, der gehe ins Kino oder in eine Show. Das einfache Sein und Bild des Baumes kann einem alles geben. Es schenkt uns Sinn und Schönheit. Man braucht nicht mehr als das, Sinn und Schönheit.

Wem das zu abstrakt sein sollte, dem kann ich nur empfehlen, sich unter einen großen Eichen-Baum zu stellen und dort so lange zu stehen, bis er das Reale des ganzen Baumes vollständig empfindet. Ausgangspunkt einer Naturspiritualität ist die eigene Empfindung, und mitnichten ein abstraktes Konzept.

Eiche beim Heiligen Hain

Ich lasse den germanischen Namen, der für den Weltenbaum oft verwendet wird, bewusst weg, denn es kommt wirklich darauf an, etwas Neues zu entwickeln. Es geht auch nicht darum, darüber zu diskutieren, um welche Baumart es sich handelt. Besser scheint es mir, von einem realen Baum auszugehen, den man kennt, den man besuchen kann, leicht und ohne große Anfahrten. Ob Esche, Eiche, Buche, Pappel, Linde oder welcher Baum auch immer, entscheidend ist die Frage, ob ich den betreffenden Baum als heiligen Baum des Lebens empfinde und ob ich eine Weltachse erkennen kann oder nicht.

Heute wissen wir mehr denn je, dass alles auf der Erde miteinander vernetzt ist. Eine menschlich verstandene „Götterschar" hilft uns nicht mehr und ein allgemeiner Totalgott schon gar nicht, weil beides nicht die **Vernetzung** zum Ausdruck bringen kann. Wir leben in und mit der Vernetzung. Leben impliziert Vernetzung. Die Heide ist ein komplexer Naturraum, zu dem viele einzelne Elemente gehören. Im Grunde können wir da nichts herausgreifen, keinen Baum und keinen Berg, keinen Fluss und kein Tier.

Jedes Tier braucht einen ökologisch intakten Lebensraum (Habitat). Der wahre „Gott" ist das Leben, könnte man sagen. Diese Aussage macht vielleicht schlagartig deutlich, was an den alten Konzepten falsch ist. DAS LEBEN umfasst alles, also z.B. sowohl die weibliche als auch die männliche Seite, oder die kreative und die destruktive, auch wenn letzteres manchem nicht gefallen mag. Zum ökologischen Kreislauf gehören Produzenten, Konsumenten und Destruenten, hier rein biologisch verstanden. Kühe und Schafe produzieren Fleisch und Wolle, Wölfe und Menschen essen Fleisch, Menschen verwerten Wolle, Mikroben zersetzen das Gestorbene wieder.

Das indianische Modell des sogenannten „Medizinrades" umfasst real und konkret die vielfältigen Elemente des Lebens. Da man niemals erschöpfend alles nennen kann, reicht es, wenn man exemplarisch 10 bis 20 Elemente nennt und bewusst wahrnimmt. Da es kein verbindliches System gibt, kann sich jeder sein individuelles „Medizinrad" der Heide kreieren. Das ist der Vorteil der spirituellen Freiheit. Eine Spiritualität, die keine Freiheit zulässt, ist keine, sondern eine Art von Diktatur. Traditionelle und institutionalisierte Religionen sind allesamt mehr oder weniger diktatorisch.

Wenn man einen magischen Ort in der Heide besucht, dann kann man die komplexe Vernetzung einmal wahrnehmen und bewusst studieren. Wenn man ein paar Kilometer durch ein Heidegebiet läuft, kann man das selbst erfahren, indem man sich ganz bewusst darauf einlässt, dass alles, was man sieht, Teil des ganzen Kreises ist.

Von den neuen *Mitbürgern* der Heide, den Wölfen, kann man etwas lernen. Das ökologische System muss intakt sein, man braucht einen ausreichend großen Lebensraum, man grenzt sich von anderen Wolfsfamilien ab, man weiß, wer dazu gehört und wer nicht, man markiert sein Territorium, man muss genügend Tiere jagen können, aber niemals über das Maß. Wer das als „braune Ideologie" abtun möchte, der hat leider nichts von ökologischer Integration verstanden, denn diese ist gerade das Problem des Menschen und der Menschheit: Er ist ökologisch nicht integriert. Wenn er es nicht will, sind seine Tage auf der Erde gezählt.

Nicht der Mensch bestimmt, sondern das Leben. Nicht die Ideologie bestimmt, sondern die Biologie. Wie schon die Indianer und andere Naturvölker immer sagten, sind wir Menschen nur ein Teil des Kreises, des Waldes, der Heide, der ganzen Erde. Wir sind keine Herren, und wir täten gut daran, diese Ansprüche sofort aufzugeben, und alle damit verbundenen Religionen und Ideologien.

Statt vom „Medizinrad" könnte man vom **„spirituellen Heidekreis"** sprechen. Zu dem Kreis könnten Pflanzen gehören: Birke, Kiefer, Eiche, Heidekraut, Wacholder etc. Oder Tiere, denen man in der Heide begegnen kann: Heidschnucke, Fuchs, Storch, Bussard, Pferd, Kreuzotter, Sandlaufkäfer etc. Oder besondere Elemente der Heidelandschaft wie z.B. ein alter Schafstall oder eine Gruppe von größeren Findlingen.

Welche Bedeutung oder welche Position sie in einem Heidekreis einnehmen, das bleibt jedem selbst überlassen. Eine alternative Naturreligion lässt dem Einzelnen seinen Deutungs- und Erklärungsspielraum. Es geht darum, dass es für den Einzelnen sinn- und bedeutngsvoll ist, dass es Kraft und Schönheit zum Ausdruck bringt.

Ein möglicher spiritueller Heidekreis mit vier Bäumen und vier Tieren:

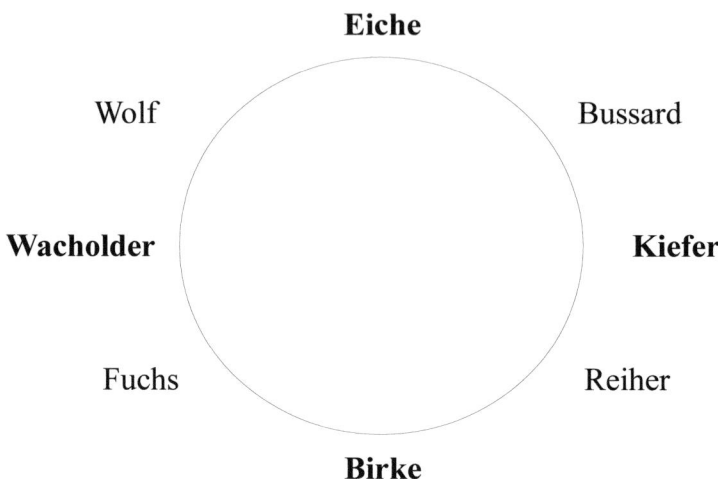

Eiche

Wolf   Bussard

Wacholder   **Kiefer**

Fuchs   Reiher

Birke

Die Kiefer steht für <u>Feuer</u>, die Birke für <u>Wasser</u>, der Wacholder für <u>Erde</u>, die Eiche für <u>Luft</u>. Der Reiher steht für die <u>Urzeit und Ahnen</u>, der Fuchs für die <u>Traumwelt</u>, der Wolf für die <u>Naturgesetze</u> und der Bussard für <u>kraftvolle Impulse</u>. Die unterstrichenen Wörter sind die Hauptbedeutungen der einzelnen Positionen des Kreises. (Siehe auch S.14)

Dies ist nur ein Vorschlag und jeder Leser kann sich seinen eigenen Heidekreis kreieren. Man kann sich fragen, was für einen heidetypisch und was für einen wichtig und sinnvoll ist.

Hier ein weiterer Vorschlag mit heidetypischen Elementen:

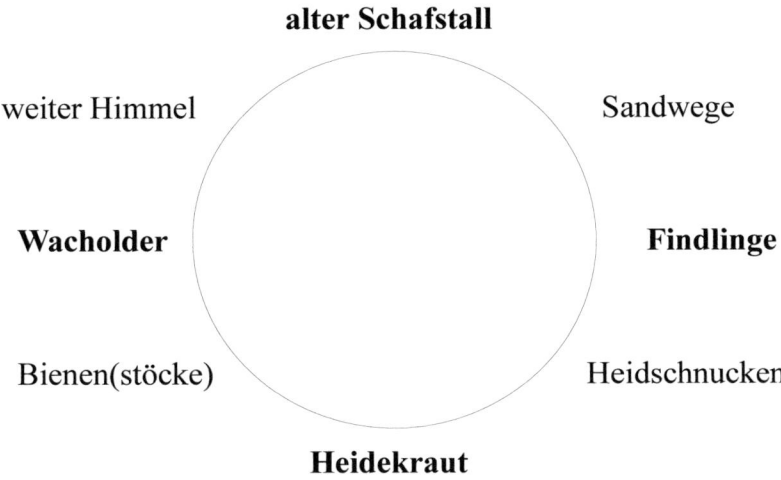

alter Schafstall

weiter Himmel   Sandwege

Wacholder   **Findlinge**

Bienen(stöcke)   Heidschnucken

Heidekraut

Modelle dieser Art sollen die Schönheit der Heide würdigen.

Mancher mag jetzt fragen, was das mit Göttern zu tun habe. In der Tat, mit weltfernen Göttern der Macht hat das nichts zu tun. Das Göttliche der Heide ist die Schönheit der Landschaft und ihrer Elemente. Das Göttliche und das konkret Vorhandende fallen zusammen. Es gibt keine hierarchische Trennung in ganz oben und hier unten auf der Erde.

In hierarchischen Konzepten ist der Himmel (der Gott) meist sehr weit weg. Hier ist der weite, helle, leuchtende Heidehimmel nur ein Teil des Kreises, und manchmal ist es ja auch düster und melancholisch. Wie jeder weiß, gibt es nicht jeden Tag einen schönen Himmel mit weißen Wolken wie auf dem Foto zu sehen, auch wenn wir diesen Himmel besonders schätzen.

Alter, schöner Schafstall mit Kiefern beim Heiligen Hain.

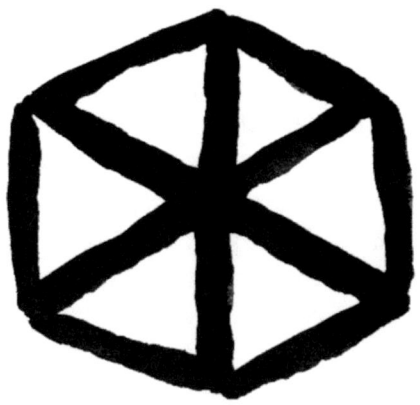

Mutterzeichen der Runen nach Zoltan Szabo. Vgl. S.50

Hier ein Vorschlag mit den germanischen Göttern:

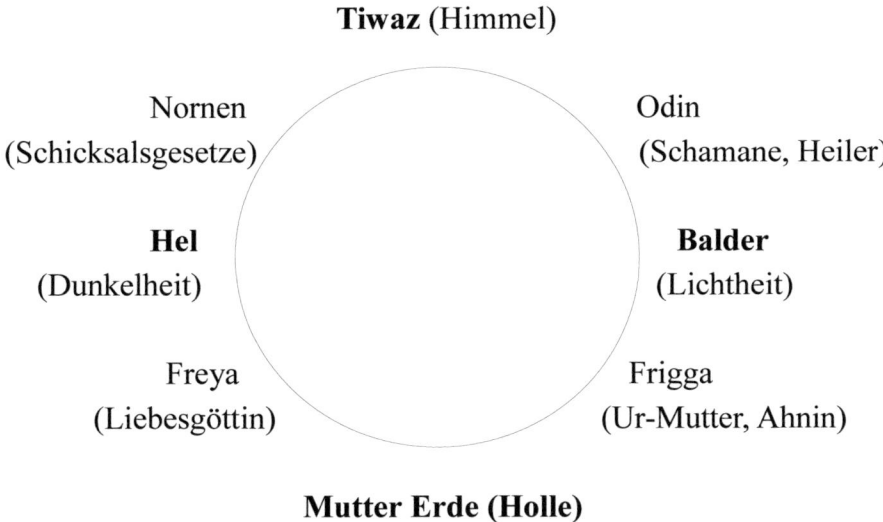

Tiwaz (Himmel)

Nornen
(Schicksalsgesetze)

Odin
(Schamane, Heiler)

Hel
(Dunkelheit)

Balder
(Lichtheit)

Freya
(Liebesgöttin)

Frigga
(Ur-Mutter, Ahnin)

Mutter Erde (Holle)

Alte mythologische Systeme sind so komplex, vielschichtig, historisch gewachsen, voller Gegensätze und manchmal auch Ungereimtheiten, dass man sie eigentlich in kein übersichtliches System bringen kann. So gesehen, ist dies auch nur ein kleiner Versuch.

Außerdem gilt es aus meiner Sicht zu bedenken, dass die NATUR die Gestalterin ist oder sein sollte. Der Mensch, der die Welt in den letzten Jahrzehnten völlig zu seinem Vorteil, für seine Profitinteressen umgestaltet hat, sollte nicht mehr das Maß aller Dinge sein. Anthropomorphe Götterfiguren gehören wohl der Vergangenheit ein. Ich sehe darin jedenfalls keine Zukunft mehr.

So oder so, die NATUR oder der KOSMOS werden immer die Erde gestalten. Die Plattentektonik beispielsweise entzieht sich gänzlich unserem Einfluss, das Wettergeschehen ebenso. Die Aktivitäten der Sonne wird der Mensch niemals steuern können.

Aber bleiben wir bei dem überschaubarem Raum der Heide. Mit dem permanenten Bauen sollte Schluss sein. Es reicht nicht, ein paar kleine Regionen der Landschaft zu Naturschutzgebieten zu erklären und nur dort der Natur den eigenen Gestaltungsraum zu lassen, und das ja oft auch gar nicht wirklich. Es sollte viel mehr das Prinzip werden, ihr die Gestaltung zu überlassen. Der Mensch sollte seine Allmachtsansprüche aufgeben.

Die schönsten Stellen in der Heide sind die, wo der Mensch die Natur hat Natur sein lassen. Jetzt könnte man das Argument bringen, dass es dann aber keine freien Heideflächen mehr gäbe, dass dann aber alles Wald werden würde. Das mag sein. Aber dagegen wäre nichts zu sagen. Wie dicht oder offen dann der Wald sein würde, das würde man dann sehen. Man kann das auch erst sehen, wenn alle einst vertriebenen oder ausgerotteten Tiere wieder da wären. Die großen Truppenübungsplätze könnte man dafür nehmen. Da jedoch immer noch das militärische Denken eine große Rolle spielt, wird das in absehbarer Zeit nicht geschehen.

So bleibt dem natur-spirituellen Menschen nur, sich auf die kleinen Inseln, die es überall gibt, zu konzentrieren, wo er spürt, dass hier die NATUR die Mutter des Gestaltens war und ist, kein Förster und kein Bauer.

Der wahre Heidekreis (Medizinrad) ist für mich der Kreis der Natur. Die oben vorgeschlagenen Kreismodelle sind meine individuellen. Andere sind denkbar. Wer die Natur wirklich schätzt, wird ihre Gestaltungen erkennen und achten, sie mit Ehrfurcht betrachten und vielleicht etwas erfahren und lernen.

Die Farben der Heide: blau, grün, violett, ocker(sand).

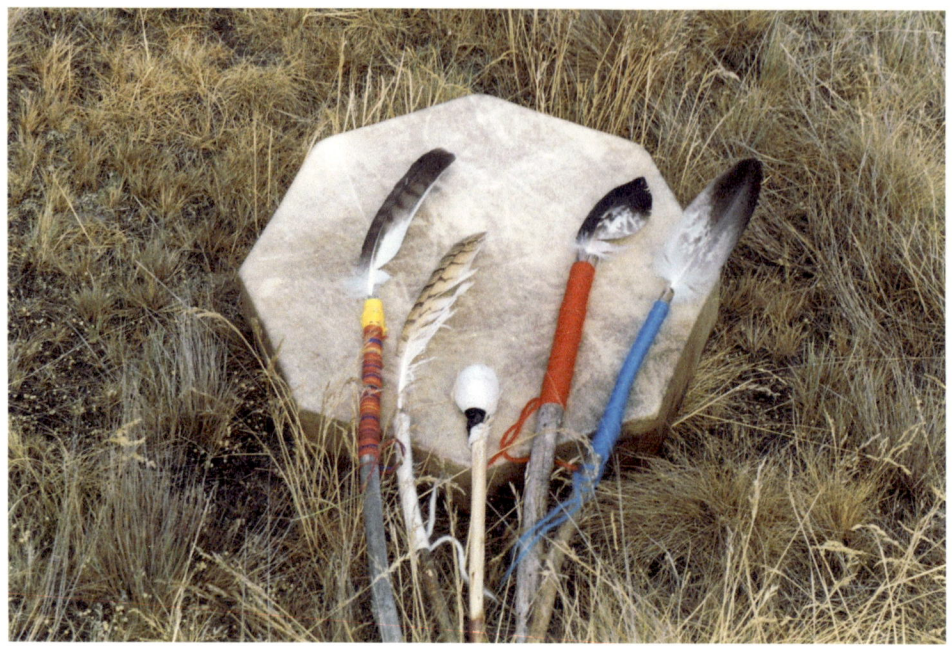

Achteckige Trommel mit vier Federnstäbe: Federn von links: Bussard, Uhu, Adler, Adler.

2. Heiderituale

1. Trommeln für die Geister der Heide. Trommeln und schauen, welche Geister sich zeigen. Man kann auch bewusst die Geister des Heidekrauts, der Birken, der Wölfe etc. rufen.

2. Einen kleinen Steinkreis errichten. Kleine Steine sind überall zu finden. Der Steinkreis sollte nur 40-50cm im Durchmesser sein. Hinterher kann oder sollte man alles wieder so verlassen, wie man es vorgefunden hat, denn Denkmäler müssen nicht errichtet werden. Die einzelnen Steine können für wichtige Elemente der Heide stehen. Man kann sich am indianischen Medizinrad orientieren, muss es aber nicht. Besser, man kreiert sein eigenes, und

sei es sehr einfach.

3. Heidewege bewusst verfolgen. Langsam und meditativ. Vielleicht an einer besonderen Stelle den Weg mehrmals hin- und hergehen.

4. Kontakt mit einem magischen Stein aufnehmen. Am besten einen größeren Findling, auf dem man auch sitzen kann. In der freien Natur, aber es ist auch in einem Dorf, in einem Park, in der Nähe einer Kirche oder wo auch immer möglich. Manche Steine liegen nicht dort, wo sie selbst liegen wollen. Dann kann man sie trösten. Es werden andere Zeiten kommen, so oder so. Vielleicht kommen einmal Zeiten, in denen man die Steine fragt, bevor man sie an einen anderen Ort bringt, und in denen man nicht irgendwas in sie hineinmeißelt.

5. Einen heiligen Baum mehrmals umrunden. Eine einzeln stehende Birke, Kiefer oder Eiche eignet sich gut.

6. Irgendwo einfach durch den Wald laufen, ohne Ziel. Wenn man durch die Heide fährt, einfach irgendwo anhalten, und in den Wald hineingehen, sei es auf einem der Wege oder einfach so. Die andere Welt ist oft gleich neben der Straße. Die andere Welt ist eigentlich überall, wir haben nur unsere Straßen und Wege durch sie geschnitten. Unsere Wege sind Schneisen, die Pfade der Tiere sind natürliche Spuren des Seins.

Wolf E. Matzker, geb. 1951. Mystiker, Dichter und Künstler. Er hat sich schon immer für eine Synthese und Weiterentwicklung der spirituellen Systeme eingesetzt. Dabei sind ihm die Würdigung der menschlichen Seele, die multidimensionale Entfaltung des Bewusstseins und vor allem die Wertschätzung der wilden Natur immer wichtig gewesen.

Schamanismus als moderne Naturreligion – Grundlagen und Wege eines spirituellen Schamanismus, 2010
Traumzeitpfade, schamanische Seelenfindung auf magischen Wegen, 2013
Wilder Brocken, Deutschlands heiliger Berg der Dichter, Maler und Naturverehrer, 2013
Das Trauma des Krieges. Roman, 2014
Der Wolf – Krafttier der Seele. Über den Wolf im feinfühligen Schamanismus der Natur, 2014

Indian Vision. Spiritueller Roman, 2014
Adler im Schamanismus, Adler, Rabe und andere Vögel im schamanischen, naturmystischen Weltbild, 2015
Der heilige Wald, Magie, Schönheit und Spiritualität des Waldes, 2016
Heimat und Spiritualität, über Natur, Heimat und einen lokalen Schamanismus, 2017
Naturverehrung, die heilige Natur bei Goethe und anderen deutschen Dichtern, 2017
Heilige Berge, Magie, Schönheit und Spiritualität der Berge und Felsen, 2017
Die Elbe, spirituelle Geschichte eines Flusses – ein Fragment, 2017 eine kleine Privatedition
Megalith und Schamanismus – Großsteingräber in Norddeutschland und naturverbundene Spiritualität, 2018
Das Traum der Schule, oder der Indianer am Gymnasium, Roman, private Edition 2018
Wodans Adler – naturmystische Gedichte 2012 – 2018, 2018
Spirituelle Heimat Bad Harzburg, Berge, Klippen und magische Stätten, private Edition 2018
Meer und Traum, das Meer im naturmystischen Weltbild, 2019

Weitere Informationen unter: www.visionhill.de

Alle Fotos, Zeichnungen, Symbole, Skizzen, Aquarelle und Öl-Gemälde vom Autor.

Literaturverzeichnis, Internetquellen

1. **Bode:** https://www.zeit.de/2004/26/Bode
2. **Brauns, Walter**: Der Heidepastor. Das Leben und das Werk Wilhelm Bodes, Niederhaverbeck 1994
3. **Dupke, Thomas**, Hermann Löns – Mythos und Wirklichkeit, eine Biographie, Hildesheim 1994
4. **Fischer-Rizzi, Susanne**: Blätter von Bäumen. Legenden, Mythen, Heilanwendungen und Betrachtungen von einheimischen Bäumen, München 1980
5. **Hageneder, Fred**: Geist der Bäume. Eine ganzheitliche Sicht ihres unbekannten Wesens, Saarbrücken, 2004
6. **Herrmann, Paul**: Deutsche Mythologie, Berlin 2007
7. **Hoppal, Mihaly**: Das Buch der Schamanen, Europa und Asien, Luzern 2002
8. **Kalweit, Holger**: Das Totenbuch der Germanen, die Edda, die Wurzeln eines wilden Volkes, Aarau 2001
9. **Kremer, Bruno P. und Bärbel Oftring**: Im Moor und auf der Heide, Natur erleben, beobachten, verstehen; Haupt Berne 2013
10. **Löns, Hermann**: Werke in fünf Bänden, Nymphenburger Verlag
11. **Schlender, Timur, (Hrsg.):** Die Heide in Mythen, Märchen und Erzählungen, München 1987

Heide bei Niederhaverbeck